VERLIEBT
VERTRAUT
VERRECHNET

Claudia Kneifel

VERLIEBT
VERTRAUT
VERRECHNET

Erfolgreiche Altersvorsorge für Frauen ab 50

DIETZ

Bibliografische Information der Deutschen Nationalbibliothek
Die Deutsche Nationalbibliothek verzeichnet
diese Publikation in der Deutschen Nationalbibliografie;
detaillierte bibliografische Daten sind im Internet
über *http://dnb.dnb.de* abrufbar.

ISBN 978-3-8012-0692-5
Auch als E-Book erhältlich: ISBN 978-3-8012-7066-7

Verlag J.H.W. Dietz Nachf. GmbH
Dreizehnmorgenweg 24, 53175 Bonn
Tel. 0228/18 48 77-0 | info@dietz-verlag.de

Umschlag: Petra Bähner, Köln
Umschlagbild: © iStock / Deagreez
Satz: Rohtext, Bonn
Druck und Verarbeitung: Plump Druck & Medien GmbH, Rheinbreitbach

Printed in Germany 2025

Besuchen Sie uns im Internet: *www.dietz-verlag.de*

Inhalt

Money, Money, Money

2 Prozent der Frauen erhalten eine **Rente** von **über 2.000 Euro**.

18 Prozent weniger als Männer **verdienen** Frauen – oft im exakt gleichen Job.

26 Prozent weniger Rente als Männer erhalten Frauen im Durchschnitt.

71 Prozent der **Care-Arbeit** stemmen Frauen alleine.

Sie sind nicht allein

In den nächsten Jahren gehen knapp 7 Millionen Frauen aus den geburtenstarken Jahrgängen – die sogenannten Babyboomer – in den Ruhestand. Sie sind gut ausgebildet und waren meist ihr Leben lang berufstätig. Trotzdem wird etwa ein Drittel von ihnen nicht mehr als 600 Euro Rente im Monat bekommen.

Ja, Sie haben richtig gelesen. Nur 600 Euro.

Das ist erschreckend wenig. Davon zu leben, ist nahezu unmöglich.

Trotzdem kümmern sich viele Frauen zu wenig um ihre Altersvorsorge. Das beschäftigt mich als Journalistin seit vielen Jahren. Bei meinen Recherchen bin ich immer wieder auf Geschichten von Frauen gestoßen, die nach einer Trennung, Scheidung oder als Witwe plötzlich ohne finanzielle Mittel dastanden. Sie alle dachten, dass sie einigermaßen gut vorgesorgt hätten. Dann kam alles anders. Das konnte niemand vorhersehen.

Hand aufs Herz: Legen Sie regelmäßig Geld für Ihre Altersvorsorge zurück? Wissen Sie, wie hoch Ihre Rente sein wird? Sparen Sie genug? Dieses Buch soll Ihnen zeigen, wie Sie Ihren finanziellen Spielraum erweitern und gleichzeitig eine Grundlage für Ihren Ruhestand schaffen können – selbst wenn Sie bereits über 50 Jahre alt sind. Denn Altersarmut ist kein unvermeidbares Schicksal, sondern eines der größten Risiken für Frauen.

Unser Rentensystem beruht auf einem einfachen Prinzip: Wer viel einzahlt, erhält im Alter eine angemessene Rente. Frauen können sich nur selten über eine gute Rente freuen. Sie besitzen weniger Vermögen, investieren seltener und arbeiten meist in schlechter bezahlten Berufen. Zudem verdienen sie meist weniger als ihre männlichen Kollegen. Obendrein arbeiten viele Frauen in Teilzeit oder in Minijobs, um nebenbei noch Care-Arbeit zu leisten – sei es Hausarbeit, Kinderbetreuung oder Pflege. Diese Doppelbelastung führt dazu, dass sie weniger Rente erwirtschaften.

Warum fällt es uns allen so schwer, sich mit Altersvorsorge auseinanderzusetzen? Wegen der Komplexität des Rentensystems? Oder aufgrund der oft verwirrenden Fachbegriffe? Haben wir Angst, unser Unwissen kundzutun? Wollen wir die Abhängigkeit vom Partner nicht wahrhaben? Oder möchten wir festhalten an unserer Vorstellung von der Liebe, *bis dass der Tod uns scheidet*?

Doch es gibt Hoffnung. Frauen können ihre Altersvorsorge noch verbessern, selbst wenn sie über 50 Jahre alt sind. Unsere Eltern haben uns das Geldanlegen nicht beigebracht, aber das lässt sich nachholen. Dieses Buch soll Ihr Interesse an Finanzen wecken. Als Journalistin habe ich mich mit dem Thema befasst und viel Neues gelernt. Jede Frau kann sich ein Grundwissen über Altersvorsorge, Aktien, Fonds und ETF-Sparpläne aneignen. Das ist nicht schwer und macht sogar Spaß.

Es ist noch nicht zu spät, um für die Zukunft vorzusorgen.

Viel Freude und neue Erkenntnisse bei der Lektüre!

Claudia Kneifel

Tschüss Eheglück im Einfamilienhaus: Von einer Scheidung, die niemand so erwartet hat

Beinahe hätten Nicole Neumann und ihr Mann ihren 15. Hochzeitstag gefeiert. Doch dann kam alles anders.

Seine Affäre mit einer jüngeren Kollegin kam ans Licht. Jahrelang führte er ein Doppelleben, von dem seine Frau nicht die geringste Ahnung hatte. Nicole Neumann, die in Wirklichkeit anders heißt, lebt seitdem allein mit ihren zwei Kindern im Alter von zehn und zwölf Jahren in einem Reihenhaus irgendwo in Deutschland. Die Trennung sei für sie aus heiterem Himmel gekommen: »Wir haben immer auf einer Wellenlänge gelegen«, erzählt sie. Streit gab es nie.

Er, fünf Jahre älter, stand am Anfang seiner Karriere als Rechtsanwalt, sie befand sich noch im Jurastudium, als sie sich kennenlernten. »Wir verstanden uns sofort«, berichtet die 47-Jährige. »Kino, Lesungen, Theater – wir hatten die gleichen Interessen.« Auch Nicole begann als Rechtsanwältin zu arbeiten. Kurz nach der Hochzeit kamen die Kinder – und sie reduzierte ihre Arbeitszeit.

Nach der Elternzeit kehrte sie zwar in den Beruf zurück, arbeitete jedoch nur an zwei Tagen in der Woche. Ihr Mann bekam währenddessen die Möglichkeit, sich in einer Kanzlei einzukaufen. »Er wollte auf jeden Fall Vollzeit arbeiten, das machte er mir immer wieder klar«, betont sie. Sie steckte beruflich zurück und managte Haushalt und Kinder. »Für mich war das in Ordnung. Bei uns war die Rollenverteilung eindeutig festgelegt. Und ich war zufrieden.« Ihr Leben war darauf ausgerichtet, dass die Ehe Bestand hat und ihr Mann für sie sorgt. Über ihre Altersvorsorge machte sie sich keine Gedanken, auch nicht über ihre zunehmende finanzielle Abhängigkeit.

Das traditionelle Modell des Mannes als Versorger und Haupternährer der Familie ist in Deutschland unverändert weit verbreitet, wie man im Familienreport 2024[1] nachlesen kann. Im Gegensatz dazu gibt es in Ländern wie Schweden, Dänemark oder Norwegen Arbeitsmodelle, in denen beide Partner gleichberechtigt zum Einkommen beitragen.[2] Obwohl sie qualifiziert sind, arbeiten in Deutschland nur 39 Prozent der Frauen im Alter von 30 bis 50 Jahren in Vollzeit. Lediglich 10 Prozent dieser Frauen haben ein Nettoeinkommen von über 2.000 Euro. Verheiratete Frauen dieser Altersgruppe stehen noch schlechter da: 19 Prozent haben kein eigenes Einkommen, 63 Prozent verdienen weniger als 1.000 Euro.[3]

Wenn sich ein Paar trennt – in Deutschland endet jede dritte Ehe vor dem Scheidungsrichter –, kann dies für die Frau zu großen finanziellen Problemen führen. Besonders betroffen sind jene Frauen, die während der Ehe nicht oder nur wenig gearbeitet haben. Nach einer Scheidung können sie oft weder ihren Lebensstandard halten noch ihre eigene Existenz sichern. Das heißt, dass sie sich in finanzieller Abhängigkeit von ihrem (Ex)-Mann befinden.

Nicole Neumann erzählt, dass sie mit ihrem unbefristeten Arbeitsvertrag in einem gut bezahlten Job noch Glück hatte: »Ich komme über die Runden.« Doch die Trennung habe ihr den Boden unter den Füßen weggezogen. Von einem Tag auf den anderen stand sie allein mit ihren Kindern da. Ihr Mann, obwohl gutverdienend, kam seinen Unterhaltsverpflichtungen nicht nach. Trennungsunterhalt zahlte er nicht. Auch ihre Kinder erhielten nur den Mindestunterhalt. Der Fall landete schließlich vor Gericht.

Laut Bundesfamilienministerium reduzieren fast 70 Prozent der Mütter ihre Arbeitszeit, wenn sie Kinder unter zwölf Jahren haben. Sie organisieren Geburtstagspartys, chauffieren ihre Kinder zum Fußballtraining und zum Ballettunterricht, vereinbaren Arzttermine, erledigen den Einkauf, kochen und putzen. Sie halten ihrem Mann den Rücken frei, ohne an sich selbst zu denken. Nicole Neumann ist folglich kein Einzelfall: »Viele meiner Freundinnen sind genauso abhängig von ihren Männern, wie ich es war.«

Was geht mich Altersvorsorge an?

Stellen Sie sich vor, Sie wachen eines Morgens auf und sind plötzlich 50 Jahre alt. Ihre Kinder sind inzwischen groß, und die letzten Jahre waren ausgefüllt mit Familie und Haushalt. Natürlich haben Sie gearbeitet, so gut es eben mit Familie möglich war. Während andere ihr Rentenkonto schon ordentlich gefüllt haben, setzten Sie andere Prioritäten. Viele Stunden widmeten Sie Ihren Liebsten und waren immer für sie da. Diese unbezahlte Arbeit hat Sie davon abgehalten, ausreichend an Ihre eigene finanzielle Zukunft zu denken. Plötzlich kommt dann der Moment, an dem Sie sich fragen: Oh je, meine Altersvorsorge? Fast vergessen!

Warum sollten Sie jetzt handeln?

Frauen haben ein hohes Risiko, im Alter arm zu sein. Sie unterbrechen oft ihre Karriere, um sich um Kinder oder pflegebedürftige Angehörige zu kümmern, arbeiten in Teilzeit oder Minijobs und verlassen sich auf ihren Partner.

Doch das Leben ist unberechenbar – Schicksalsschläge und unerwartete Wendungen können alles verändern.

> ***»Wie wir die mittlere Phase unseres Lebens gestalten, ist entscheidend für ein gutes, selbstbestimmtes Altwerden.«***
>
> *Pasqualina Perrig-Chiello,*
> *Entwicklungspsychologin und Buchautorin*

Keine Angst, egal was Sie jetzt denken: Es ist noch nicht zu spät, die Weichen neu zu stellen. In den nächsten 15 Jahren können Sie noch einiges erreichen. Sie können anfangen zu sparen, Sie können gezielt Förderungen vom Staat nutzen und Sie können sich mit der Börse beschäftigen. Der Tiefpunkt der Lebenszufriedenheit liegt bei durchschnittlich 46 Jahren. Danach steigt die Glückskurve und die Menschen werden wieder zufriedener und gelassener. Dieses Hoch können Sie nutzen, um Ihre Zukunft aktiv zu gestalten. »Die Unzufriedenheit in der mittleren Lebensphase erfüllt einen wichtigen Zweck:

Sie gibt uns die Möglichkeit, uns neu zu erfinden«, sagt die Entwicklungspsychologin und Buchautorin Pasqualina Perrig-Chiello.[4] Früher galten Frauen mit 50 Jahren schon als alt. Heute haben Sie, wenn die Gesundheit mitspielt, noch 30 gute Jahre vor sich. Einen Teil davon können Sie nutzen, um mehr zu arbeiten und eine gute Altersvorsorge aufzubauen. Denn in den jungen Jahren tun sich Frauen oft schwer, finanzielle Rücklagen für den Ruhestand zu bilden.

Doch es gibt einige Fallen, in die Frauen immer wieder geraten.

Falle Nummer 1: Frauen verdienen weniger als Männer

Frauen erhalten für die gleiche Arbeitsstunde durchschnittlich 18 Prozent weniger Lohn als ihre männlichen Kollegen, selbst wenn sie die exakt gleiche Tätigkeit ausüben.[5] In Ostdeutschland ist der sogenannte Gender Pay Gap mit 7 Prozent deutlich geringer als in Westdeutschland, wo er 21 Prozent beträgt. Dies lässt sich vor allem darauf zurückführen, dass Frauen in Ostdeutschland häufiger in Vollzeit arbeiten und öfter Führungspositionen bekleiden. Zudem sind sie dort vermehrt in besser bezahlten Berufen der Industrie und Fertigung tätig.

Durchschnittlicher Bruttoverdienst 2023
zur Berechnung des Gender Pay Gap

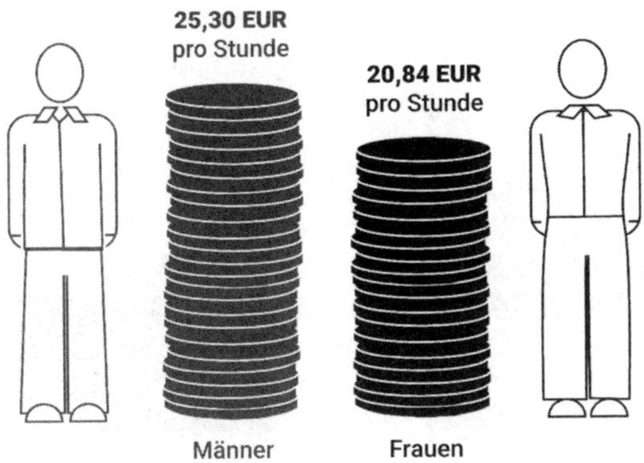

Zu Beginn der Messung im Jahr 2006 betrug der geschlechterspezifische Verdienstabstand 23 Prozent. Seit 2020 verharrt er bei 18 Prozent.
Quelle: Statistisches Bundesamt (Destatis), 2024.

Es gibt wenig Anstrengungen seitens der Politik, diesen Unterschied einzudämmen.

Was sind die Ursachen für diesen Gender Pay Gap? Frauen wählen oft Berufe, die als »typisch weiblich« gelten und traditionell schlechter bezahlt werden. Ob Grundschullehrerin, Erzieherin, Sozialarbeiterin, Verkäuferin, Krankenschwester oder Altenpflegerin – all diese Berufe sind wertvoll für die Gesellschaft, doch sie werden schlecht entlohnt. Männer sind in diesen Berufen kaum vertreten – und wenn doch, dann meist in Führungspositionen.

Ein weiterer Grund ist, dass in vielen Firmen die Gehaltstransparenz fehlt, was es Frauen erschwert, ungleiche Bezahlungen zu erkennen und anzusprechen. Obwohl es Gesetze gegen Lohndiskriminierung gibt, sind diese oft schwer durchzusetzen. »Deutschland hat einen der größten Gender Pay Gaps in Europa. Dieser Unterschied resultiert aus Diskriminierung und hohen Hürden für Frauen im Arbeitsmarkt«, bringt es Bettina Messinger auf den Punkt. Die Landesfrauensekretärin im ver.di-Landesfrauenrat Bayern bemängelt: »Die Aufgabenverteilung in Partnerschaften und Ehen ist bei Kinderbetreuung und Pflege von Angehörigen weiterhin ungleich.« Sorgearbeit macht arm im Alter.

Höhe der gesetzlichen Altersrente 2020
Anteil an allen Beziehern einer Altersrente gleichen Geschlechts

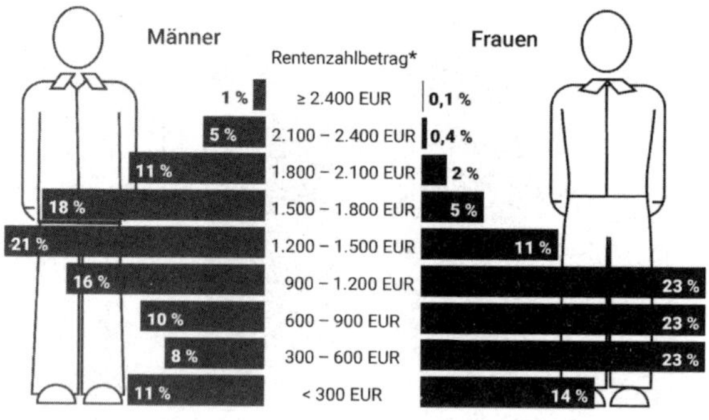

* Rentenzahlbetrag: Bruttorente abzüglich der Beiträge zur Kranken- und Pflegeversicherung.
Datenquelle: Deutsche Rentenversicherung Bund;
Berechnungen: Bundesinstitut für Bevölkerungsforschung, 2022.

Falle Nummer 2:
Ein unterschätztes Risiko – Mini- oder Teilzeitjobs

Frauen geben sich oft mit einem Kompromiss zufrieden, wenn es um ihre berufliche Laufbahn geht. Aber ein Minijob oder eine Teilzeitbeschäftigung genügen in der Regel nicht, um eine ausreichende Rente zu erzielen.

Nur etwa 2 Prozent der Frauen beziehen eine Altersrente von 2.000 Euro, während die Mehrheit mit einer Rente von 300 bis 900 Euro auskommen muss (siehe Abbildung). Diese Situation ist erschreckend und muss dringend geändert werden. Die Höhe der späteren Rente hängt maßgeblich vom Bruttogehalt ab. Minijobs führen lediglich zu geringen Rentenansprüchen. Teilzeitarbeit bedeutet auch eine Teilzeitrente. Frauen sollten Minijobs vermeiden und stattdessen eine feste Anstellung anstreben, am besten mit einer guten Bezahlung.

Das mag leichter gesagt als getan sein, doch für die Altersvorsorge ist es von entscheidender Bedeutung.

→ **Mehr dazu:** Strategie 4 – Wie Ihre Arbeit Ihre Rente beeinflusst

Falle Nummer 3:
Frauen leben länger, aber mit weniger Geld

Eigentlich haben wir Frauen den Vorteil, dass wir länger leben. Der große Nachteil daran: Wir haben im Schnitt unser Leben lang weniger Geld als Männer, obwohl wir mehr bräuchten. In Deutschland liegt die durchschnittliche Lebenserwartung von Frauen bei 83,4 Jahren, während Männer nur 78,6 Jahre alt werden. Einerseits ist es erfreulich, dass wir immer länger leben, andererseits brauchen wir durch die längere Lebenszeit viel mehr Geld für unseren Ruhestand. Denn auch der wird immer länger: Im Jahr 2022 bezogen Männer durchschnittlich 18,8 Jahre Rente, Frauen hingegen ganze 22,2 Jahre (siehe Abbildung, S. 18). 40 Jahre zuvor, 1982, lag die Rentenbezugsdauer von Männern noch bei 10,8 und die von Frauen bei 13,5 Jahren. Das ist ein gewaltiger Unterschied. Diese Zeitspanne ist lang, und um sie in vollen Zügen genießen zu können – sei es mit Reisen, dem wöchentlichen Kaffeekränzchen mit Freundinnen oder einfach nur für den notwendigen Zahnersatz – brauchen wir im Alter Geld.

So lange erhalten Frauen und Männer durchschnittlich ihre Rente
(Angabe in Jahren)

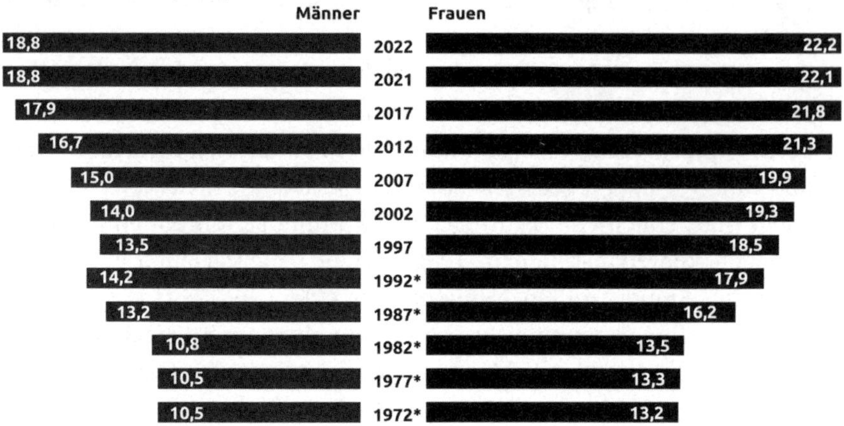

* nur alte Bundesländer
Quelle: Deutsche Rentenversicherung: Rentenversicherung in Zahlen 2024, Berlin 2024.

Falle Nummer 4: Das Paar lässt sich scheiden oder trennt sich

In Deutschland wird jede dritte Ehe geschieden. Wenn der Hauptverdiener, meist der Ehemann, auszieht und die Mietzahlungen oder den Unterhalt einstellt, geraten viele Frauen in existenzielle Schwierigkeiten. Im Durchschnitt hält eine Ehe 15 Jahre, doch Krisen können auch später auftreten. Besonders auffällig ist, dass die Zahl an Scheidungen nach dem 50. Lebensjahr zunimmt. Fast 18 Prozent der Geschiedenen haben bereits die Silberhochzeit gefeiert, bevor sie sich trennen. Soziologen nennen dieses Phänomen »Grey Divorce«. Viele Paare empfinden 25 oder 30 Ehejahre als zu lang, um einfach nur aus Gewohnheit zusammenzubleiben. In der zweiten Lebenshälfte suchen Frauen und Männer immer öfter nach einem neuen Partner und neuen Abenteuern.

All das sollten Sie bedenken, wenn Sie Ihre Altersvorsorge planen. Es könnte nämlich sein, dass Sie im Alter allein dastehen.

Sind Sie schon 15 Jahre verheiratet? Dann ist es an der Zeit zu überprüfen, ob Sie im Falle einer Trennung gut abgesichert sind! Es steht jedem frei, an die ewige Liebe zu glauben, doch den Verstand sollte man dabei nicht ausschalten.

Die Versorgungsansprüche, die beide Ehepartner während der Ehe erworben haben, werden bei einer Scheidung gleichmäßig aufgeteilt. Jede Rentenanwartschaft, die sie während der Ehe gesammelt haben, wird halbiert. Beide Partner erhalten jeweils 50 Prozent. Allerdings ist es kaum möglich, später allein von den Versorgungsansprüchen zu leben. Die gesetzliche Rente ist so bemessen, dass sie kaum für eine Person ausreicht, geschweige denn für zwei.

Frauen tragen zudem die finanzielle Hauptlast einer Scheidung, während Männer kaum Einkommensverluste hinnehmen müssen. Das zeigt eine Untersuchung des Wissenschaftszentrums Berlin für Sozialforschung.[6] Männer profitieren laut dieser Untersuchung sogar noch von einer Trennung, denn sie müssen ihre Partnerin dann nicht mehr mitversorgen. Das Haushaltsnettoeinkommen von Männern nach einer Scheidung steigt um bis zu 25 Prozent.

→ **Mehr dazu:** Strategie 10 – Was Frauen im Fall einer Scheidung beachten sollten

Falle Nummer 5: Allein leben kann arm machen

Wenn Sie allein leben, aus welchem Grund auch immer, steigt Ihr Risiko, im Alter von Armut betroffen zu sein, erheblich. Trotz des scheinbaren Paradoxons, dass Menschen ohne Kinder im Vergleich zu Familien keine Ausgaben für die Versorgung oder Bildung von Kindern haben und keine Angehörigen absichern müssen, investieren sie überraschend wenig in ihre eigene Altersvorsorge.

Eine Emnid-Umfrage im Auftrag der Postbank bestätigt diese Sorge. Fast die Hälfte der Alleinstehenden glaubt, im Alter den Lebensstandard nicht halten zu können.[7]

Mittlerweile gilt jeder dritte Single als armutsgefährdet.

Viele Frauen der Babyboomer-Generation sind unverheiratet, alleinerziehend oder alleinstehend. Ihre finanzielle Absicherung für den Ruhestand ist oft schlechter als bei Paaren. Ohne Partner, der im Notfall hilft, sei es bei Krankheit oder Arbeitslosigkeit, fehlt das Sicherheitsnetz. Sie müssen alles allein bewältigen.

Zudem tragen Alleinlebende eine höhere finanzielle Last: Im Verhältnis zu ihrem Nettoeinkommen müssen sie deutlich mehr für Fixkosten wie Miete, Strom und Heizung aufbringen als Familien. Wenn mehrere Personen in einem Haushalt leben, können die Ausgaben für viele alltägliche Anschaffungen auf mehrere Schultern verteilt werden. Darüber hinaus profitieren Verheiratete von erheblichen Steuervorteilen.

Falle Nummer 6: Sie sind alleinerziehend

Besonders prekär ist die Lage für Alleinerziehende – eine Gruppe, die überwiegend aus Frauen besteht. In diesen Haushalten steigt die Armutsgefährdung auf alarmierende 38,8 Prozent. In Partnerschaften mit Kindern hingegen ist das Risiko deutlich geringer.

In Deutschland leben 1,7 Millionen alleinerziehende Familien mit minderjährigen Kindern – das ist jede fünfte Familie. Die Zahl der alleinerziehenden Familien steigt in den letzten Jahren – auch aufgrund des Zuzugs von ukrainischen Geflüchteten und ihrer Kinder. Acht von zehn Alleinerziehenden sind Frauen. Mütter übernehmen die Betreuung und Fürsorge der Kinder meist allein – sowohl vor als auch nach einer Trennung. Laut Statistischem Bundesamt leisten sie wöchentlich über 15 Stunden mehr Care-Arbeit als ihre männlichen Pendants. Diese ungleiche Verteilung der Aufgaben hat weitreichende Konsequenzen: Alleinerziehende Mütter sind deutlich häufiger von Armut betroffen, müssen öfter auf Sozialleistungen zurückgreifen und tragen ein erhöhtes Risiko, im Alter in Armut zu geraten.[8]

Falle Nummer 7: Was passiert, wenn Sie krank werden?

Niemand möchte sich heute vorstellen, dass sie oder er schwer erkranken könnte. Doch die Realität kann einen unerwartet einholen. In Deutschland ist jeder vierte Arbeitnehmer im Laufe seines Berufslebens von Erwerbsminderung betroffen. Das bedeutet, dass sie oder er nicht mehr oder nur noch eingeschränkt arbeiten kann. Vor 30 Jahren galt starke körperliche Belastung als Hauptursache für Berufsunfähigkeit. Heute sind psychische Krankheiten wie Depressionen und Burnout sowie Schmerzerkrankungen die häufigsten Gründe dafür, dass jemand vorzeitig aus dem Berufsleben ausscheidet.

»Oft ist es ein Zusammenspiel verschiedener Erkrankungen, also eine Kombination aus internistischen, orthopädischen und nervenärztlichen Krankheitsbildern, die zu einer Minderung der Leistungsfähigkeit führt«, erklärt Kai Kellersohn. Er ist Kreisgeschäftsführer beim Sozialverband VdK in Würzburg. Wer ständig Schmerzen hat, entwickelt häufig auch psychische Probleme.

Wenn Sie in der gesetzlichen Rentenversicherung versichert sind, haben Sie nach einem Unfall oder einer schweren Krankheit, die Ihre Arbeitsfähigkeit dauerhaft beeinträchtigt, theoretisch Anspruch auf eine Erwerbsminderungsrente (EM-Rente). Jedes Jahr stellen rund 350.000 Menschen einen solchen Antrag. Rund 40 Prozent werden allerdings abgelehnt. Viele Betroffene kämpfen monatelang, manche sogar jahrelang, um die dringend benötigte Unterstützung zu erhalten.

Über 1,8 Millionen Bürgerinnen und Bürger erhielten laut DRV Ende 2023 eine Erwerbsminderungsrente. Aber Achtung: Die Höhe richtet sich auch hier nach den bislang erworbenen Rentenansprüchen. Wenn Sie nicht oder nur geringe Beträge eingezahlt haben, dann gehen Sie bei der EM-Rente leer aus. Der durchschnittliche Rentenzahlbetrag lag Ende 2020 bei monatlich 980 Euro, nach Abzug der gesetzlichen Kranken- und Pflegeversicherungsbeiträge. Die Bezieher einer EM-Rente sind im Durchschnitt 55,7 Jahre alt, 18,3 Prozent waren sogar jünger als 50 Jahre.

Wer nicht in der gesetzlichen Rentenversicherung ist, muss selbst für den Notfall vorsorgen, zum Beispiel mit einer Berufsunfähigkeitsversicherung.

Falle Nummer 8: Der (Ehe)-Partner wird zum Pflegefall

Sabine Sander hat ihr Leben lang für andere gesorgt. Zuerst kümmerte sie sich um ihre drei Kinder. Später pflegte sie ihre Mutter. Mit 65 Jahren ging sie in den Ruhestand und erhält nun eine Rente von 450 Euro im Monat. In ihrem Beruf als Altenpflegerin arbeitete sie nur Teilzeit und zahlte daher wenig in die gesetzliche Rentenkasse ein. Ihr Ehemann Hans hingegen bekommt 2.000 Euro Rente.

Gemeinsam wollten sie ihren Lebensabend genießen. Doch das Schicksal hatte andere Pläne: Hans erlitt einen Schlaganfall und wurde in die Pflegestufe 3 eingestuft. Nun steht Sabine Sander vor der Herausforderung, einen Pflegeplatz für ihn zu finden, der mit seiner Rente finanzierbar ist. Die Lage zermürbt sie. Eine bessere eigene Altersvorsorge würde Sander entlasten. Doch nun muss sie die Pflege ihres Mannes organisieren und gleichzeitig mit ihrer bescheidenen Rente über die Runden kommen.

Auch Ihrem Partner kann etwas passieren, oder er könnte im Alter zum Pflegefall werden. Diese Wendung trifft nicht nur Ihr Herz, sondern auch Ihr Portemonnaie. Die Rente, die eigentlich für die gemeinsamen schönen Dinge im Alter gedacht war, wandert plötzlich direkt ins Pflegeheim. Und seien wir ehrlich: Mit 2.500 bis 3.000 Euro im Monat ist das kein kleines Sümmchen.

Besonders heftig wird es, wenn die Frau nur wenig oder gar kein Einkommen hat. Vielleicht hat sie ihr Leben lang für die Familie gesorgt, aber die Altersvorsorge? Die ist kaum vorhanden. Da bleibt oft nur eine Möglichkeit: die Pflege des Partners zu Hause zu übernehmen.

Und wieder sind es die Frauen, die die Care-Arbeit übernehmen. Sie leisten den Großteil der privaten Pflegearbeit in unserer Gesellschaft, nämlich zwei Drittel. Das Durchschnittsalter dieser Frauen liegt zwischen 50 und 60 Jahren. Oftmals opfern sie ihre berufliche Karriere, um sich erst um ihre Kinder und dann um ihre pflegebedürftigen Angehörigen zu kümmern. So reduzieren sie ihre potenzielle Arbeitszeit gleich zweimal – und damit auch ihre Rente.

Um sicherzustellen, dass die Pflege anderer nicht zulasten Ihrer eigenen Alterssicherung geht, können Sie, wenn Sie Angehörige pflegen, unter bestimmten Umständen Rentenbeiträge von der Pflegekasse erhalten. Doch diese Beiträge sind alles andere als üppig: Die monatliche Rente für ein Jahr Pflege liegt derzeit zwischen 6,50 Euro und 35 Euro, abhängig vom Aufwand und Grad der Pflege. Das ist sehr, sehr wenig Geld. Leider zeigt dies auch, wie wenig Pflege unserer Gesellschaft wert ist.

Die Pflegezeit zählt aber als Beitragszeit und wird bei allen Wartezeiten berücksichtigt, die für einen Rentenanspruch erforderlich sind. Es ist wichtig, diese Zeiten zu dokumentieren. Auch diejenigen, die bereits in Frührente sind und nebenbei pflegen, können ihre Rente auf diese Weise ein wenig erhöhen. Der Antrag wird über die Pflegeversicherung gestellt.

Falle Nummer 9: Der (Ehe)-Partner stirbt vorzeitig

Den Lebensabend gemeinsam zu verbringen, das wünschen sich die meisten Paare. Doch was passiert, wenn ein Partner stirbt? Dann hat der andere Anspruch auf eine Witwen- oder Witwerrente aus der gesetzlichen Rentenversicherung. Das betrifft insbesondere Frauen, denn Ehefrauen sind meist jünger als ihre Männer – und leben länger. Im Jahr 2023 bezogen in Deutschland 4,4 Millionen Frauen eine Witwenrente und rund 700.000 Männer eine Witwerrente.[9]

»Aber vielen Frauen ist gar nicht bewusst, wie niedrig die gesetzliche Witwenrente ist«, sagt die Juristin Sonja Reubelt im Gespräch. Diese Rente errechnet sich aus dem Rentenanspruch des verstorbenen Partners. In den ersten drei Monaten stehen dem verbleibenden Ehepartner 100 Prozent zu. Danach erhalten Frauen, die unter 47 Jahre alt sind, lediglich die kleine Witwenrente von 25 Prozent – und auch das nur für zwei Jahre. Bei der großen Witwenrente sind es 55 Prozent des Rentenanspruchs des verstorbenen Partners. Diese Rente wird bis ans Lebensende gezahlt.

Die meisten Frauen müssen im Schnitt zehn Jahre von der Witwenrente und ihrer eigenen Rente leben. Eine durchschnittliche Witwenrente betrug 2022 etwa 734 Euro (brutto), die Durchschnittsrente für Witwer lag bei 402 Euro.[10]

Wenn die Witwe selbst wenig in die Rentenkasse eingezahlt hat, wird sie kaum davon leben können.

Oftmals denken wir, dass Dinge wie Scheidung, Trennung, Pflege oder gar der Verlust des Ehepartners uns nicht treffen. Die Realität zeigt jedoch, dass solche Schicksalsschläge eintreten. Und ja, sie können im schlimmsten Fall zu Altersarmut führen, besonders bei Frauen.

Egal, wie das Leben spielt, behalten Sie immer Ihre eigene Rente im Blick. Es ist nie zu spät, mit der Vorsorge zu beginnen. Es gibt zahlreiche Möglichkeiten, und ich helfe Ihnen gerne dabei, den Überblick zu behalten und die richtigen Schritte zu gehen.

Im Folgenden beschreibe ich 10 Strategien, die Ihnen Wege aufzeigen, wie Sie zu mehr Geld und damit auch zu mehr Rente kommen können. Wir alle reden nicht gerne über Geld. Warum das ein Fehler ist, erfahren Sie in **Strategie 1**.

Web-Tipp

Der Sozialverband VdK ist ein gemeinnütziger Verein, der vor über 70 Jahren gegründet wurde. Er berät seine Mitglieder in sozialrechtlichen Fragen und Problemen, etwa bei Renten, gesetzlicher Kranken- und Pflegeversicherung oder bei der Anerkennung von Schwerbehinderungen. Der Name VdK steht für »Verband der Kriegsbeschädigten, Kriegshinterbliebenen und Sozialrentner Deutschlands«. Mit 2,3 Millionen Mitgliedern ist er der größte Sozialverband Deutschlands. Adressen und Telefonnummern der Landes- und Kreisverbände finden Sie unter: *<www.vdk.de>*.

Strategie 1: Alle haben Angst über Finanzen zu sprechen – warum Sie es trotzdem tun sollten

Wenn ich mit meinen Freundinnen bei einem Glas Sekt zusammensitze, gibt es bestimmte Themen, die nicht auf den Tisch kommen. Dazu zählen Gehalt, Finanzen, Geldanlagen und auch Aktien. Hin und wieder habe ich versucht, das Gespräch in diese Richtung zu lenken, aber es ist, als liefe ich gegen eine unsichtbare Mauer. Das Thema wird sofort abgeblockt. Beispiel gefällig?

»Stefanie, du bist doch aufgestiegen. Wie viel verdienst du jetzt?« Stefanie: »Oh, das weiß ich nicht genau. Zahlen kann ich mir einfach nicht merken.« Oder: »Angelika, du hast doch 20.000 Euro geerbt. Wie legst du das Geld eigentlich an?« Angelika: »Keine Ahnung, ich überlege noch.« Ob sie es tatsächlich noch nicht weiß? Ein anderer Klassiker: »Michaela, wie legst du dein Geld an?« Michaela: »Das macht mein Mann bei uns. Von der Börse habe ich keine Ahnung.«

Keine lässt sich in die Karten schauen, was das Gehalt angeht oder wie sie ihr Geld anlegt. Ich habe nie erfahren, ob jemand von ihnen in Aktien investiert oder das Ersparte einfach auf dem Sparkonto versauern lässt. Dabei denke ich oft, wie wertvoll es wäre, wenn wir offen über Geld sprechen würden. Wir könnten uns gegenseitig unterstützen, Tipps austauschen und vielleicht sogar den ein oder anderen Trick lernen, wie man sein Geld klug anlegt.

Es scheint, als könnten wir über alles reden – Konzerte, Joberlebnisse, unsere Kinder und unsere Männer – nur nicht darüber, was auf unseren Konten passiert.

Bin ich die Einzige, die das so empfindet? Hätte ein offenes Gespräch über unsere Finanzen nicht nur Vorteile für uns?

Der Grund, warum viele Frauen im Alter ohne Geld dastehen, könnte damit zusammenhängen, dass die meisten Menschen nicht offen über finanzielle Angelegenheiten sprechen.

Lasst uns über Geld reden!

Geld, Vermögen und Einkommen sind für die meisten Menschen in Deutschland immer noch Tabuthemen. Die Folge: »Je weniger man über eine Sache spricht, desto schwerer fällt der Umgang mit ihr. Für die finanzielle Bildung in Deutschland ist das suboptimal«, sagt Dr. Johannes Treu, Professor für Betriebswirtschaft und Volkswirtschaft an der IU Internationalen Hochschule.[11] Warum gehört Finanzbildung nicht längst in die Lehrpläne der Schulen? Es gibt zahlreiche Wirtschaftsstudiengänge, aber ein Schulfach Finanzen gibt es nicht.

Sich selbst finanzielle Bildung anzueignen, ist nicht so schwer. Es braucht nur Platz in unserem Leben und in unseren Beziehungen, wie auch in unserer Partnerschaft.

Wie handhaben Sie die finanziellen Aspekte Ihrer Ehe oder Partnerschaft? Haben Sie schon mit Ihrem Partner über Ihre Rente gesprochen, besonders wenn Sie Teilzeit arbeiten? Welches Finanzbuch haben Sie zuletzt gelesen? Wie lief Ihr letztes Gehaltsgespräch? Welche Vorstellungen haben Sie von Geld? Was sind die Vor- und Nachteile der gesetzlichen Rente?

Es gibt so viel zu besprechen.

Warum wir mit dem Partner über Geld sprechen sollten

In einer Beziehung ist es unerlässlich, über Geld zu sprechen. »Die Wahrheit einer Beziehung offenbart sich, wenn es um Geld geht«, betont der Paarberater Michael Mary. Er hat ein Buch zu diesem Thema geschrieben: »Liebes Geld: Vom letzten Tabu in Paarbeziehungen.«[12] Während die meisten Paare heute offen über ihre sexuellen Wünsche reden, machen sie um das Thema Geld einen großen Bogen. Doch: »Was anfangs unter den Teppich gekehrt wird, landet früher oder später auf dem Verhandlungstisch.«[13]

Geld zählt neben der Frage, wer welche Aufgaben im Haushalt übernimmt und wie die Kinder erzogen werden, zu den häufigsten Streitthemen in Beziehungen. In einer US-amerikanischen Studie gaben 59 Prozent der befragten Personen an, dass Finanzen eine Rolle bei ihrer Scheidung spielten. Für 20 Prozent hatte das Thema eine große Bedeutung, für 7 Prozent war es sogar der Hauptgrund für die Trennung. »Uns fehlen Rituale, Vorbilder, ein gesellschaftlicher Konsens und teils die passenden Worte, wie wir über Geld verhandeln«, schreibt die Ökonomin und Buchautorin Dani Parthum in ihrer Kolumne in der Zeitschrift »Capital«.[14]

In den ersten Phasen der Verliebtheit meiden die meisten Paare das Thema Finanzen. Spätestens beim Zusammenziehen oder bei der Familiengründung müssen sie jedoch finanzielle Angelegenheiten klären. Warum fällt uns das so schwer? Möglicherweise, weil wir es nicht von unseren Eltern gelernt haben. In den 1970er- und 1980er-Jahren galten Gespräche über Geld als Tabu, ähnlich wie Diskussionen über Religion oder Politik. Es war nicht üblich, nach dem Einkommen oder Vermögen einer Person zu fragen. Das galt als unhöflich und unangenehm.

Es gibt noch weitere Gründe: Oft fehlt auch das Wissen über finanzielle Angelegenheiten, und manche Menschen fühlen sich zu unsicher oder unqualifiziert, um darüber zu sprechen. Man schämt sich, weil man so wenig weiß. Zudem betrachten viele Geldangelegenheiten als sehr privat und möchten nicht, dass andere über ihre Finanzen Bescheid wissen. Kommt Ihnen das bekannt vor?

Alexandra und Achim sind ein Paradebeispiel für unterschiedliche Ansichten im Umgang mit Geld in einer Partnerschaft. Während die eine akribisch spart und auf jeden Cent achtet, genießt der andere die Freiheit, sich Flexibilität und Spontaneität zu erkaufen. »Bei uns ist es so, dass ich sehr strukturiert bin und früh plane, während mein Partner sich nicht gern festlegt und jede Entscheidung bis auf den letzten Drücker aufschiebt«, erklärt Alexandra in einem Gespräch. Hier ein konkretes Beispiel ihrer unterschiedlichen Herangehensweisen: Beide besitzen kein Auto. Alexandra bucht ihre Zugtickets stets frühzeitig und sichert sich so günstige Spartickets. Ihr Partner hingegen bevorzugt das teurere Flexpreis-Ticket, um auch am Tag der Abfahrt noch spontan entscheiden zu können, welchen Zug er nehmen möchte.

Sie plant ihren Urlaub frühzeitig, um erschwingliche Unterkünfte zu ergattern. Ihr Partner hingegen entscheidet sich lieber spontan und akzeptiert, dass dann möglicherweise nur noch teure Hotels verfügbar sind. Alexandra nimmt sich jeden Tag Stullen mit zur Arbeit, während ihr Partner lieber teure belegte Brötchen beim Bäcker kauft. Auch bei der Kleidung entscheidet Alexandra sich am liebsten für Secondhand, während ihr Partner nach den neuesten Trends gekleidet ist.

Warum ist das ein Problem? »Nun, wir möchten in der Regel im selben Zug sitzen und in derselben Unterkunft übernachten. Ich kann mir seine gewünschte Flexibilität jedoch nicht immer leisten. Aus Verzweiflung habe ich sogar schon vorgeschlagen, dass wir getrennt reisen, damit beide Bedürfnisse erfüllt werden, aber das verletzt ihn und ist keine Option«, berichtet Alexandra. Manchmal schlägt er vor, für beide zu zahlen, aber das fühlt sich für Alexandra nicht richtig an. »Dann ist meine finanzielle Unabhängigkeit dahin.«

Eines Tages, nach einem weiteren hitzigen Gespräch über ihre unterschiedlichen Finanzansichten, beschlossen Alexandra und Achim, dass es so nicht weitergehen kann. Sie setzten sich zusammen, tranken Tee und sprachen offen. Beide waren bereit, einander zuzuhören und die Perspektiven des anderen zu verstehen.

Alexandra erklärte ihre Ansichten über finanzielle Sicherheit und langfristige Planung. Sie zeigte Achim, wie ihr strukturiertes Vorgehen ihr Sicherheit und Freude bereitet. Achim betonte, wie wichtig ihm Flexibilität und Freiheit sind und dass spontane Entscheidungen ihn glücklich machen.

Das offene Gespräch über Geld brachte die beiden einander näher. Sie nahmen sich vor, in der Zukunft mehr Kompromisse einzugehen. Beide fühlten sich respektiert und verstanden.

Wie beginnt ein Gespräch über Geld? Vielleicht so: »Können wir mal über etwas Wichtiges sprechen? Es geht um Geld.« Versuchen Sie einfach, offen und ehrlich zu sein. Erzählen Sie von Ihren Bedürfnissen, Ängsten und welche Rolle Geld in Ihrem Leben spielt. Vielleicht können Sie auch ein paar Ihrer bisherigen Erfahrungen teilen – das schafft Vertrauen. Und ganz wichtig: Hören Sie gut zu, was die andere Person sagt, und versuchen Sie, ihre Sichtweise nachzuvollziehen. Falls Sie dieses Gespräch noch nicht geführt haben, dann ist jetzt der perfekte Zeitpunkt.

Es gibt so viele Frauen, die das nicht tun. Trauen Sie sich.

Liebesgeld, Freundesgeld, Partnergeld

Laut Michael Mary gibt es verschiedene Ebenen, um über Geld zu sprechen. Der Buchautor und Paarberater teilt das Thema in folgenden drei Kategorien ein.[15]

- **Heißes Liebesgeld** der ersten Kategorie wird von Herzen geschenkt und gegeben – immer, wenn man jemandem seine bedingungslose Liebe zeigen möchte. Als Beispiel nennt der Paartherapeut kleine und kostspielige Präsente wie ein gemeinsames Wochenende in einem Hotel, ein Konzert oder Geldgeschenke. Dieses Geld verpufft, es gibt keine direkte Gegenleistung dafür.
- Als zweite Kategorie nennt er **warmes Freundesgeld**, etwa um den anderen zu unterstützen, bei einer Reise oder Fortbildung. Auch die Einladung eines Freundes oder Partners ins Restaurant fällt darunter. Freundesgeld kann erwartet, aber nicht gefordert werden. Um es klar von heißem Liebesgeld abzugrenzen, könnte man zum Beispiel sagen: »Heute lade ich dich ein, beim nächsten Mal bezahlst aber du.«
- **Kühles Partnergeld** ist die dritte Kategorie. Sie bezieht sich auf gemeinsame Projekte oder größere Anschaffungen, wie die Gründung eines Unternehmens oder den Kauf eines Hauses. Das Adjektiv »kühl« beschreibt die klare geschäftliche Natur der Angelegenheit, die verhandelt und diskutiert wird, wobei beide Partner die Bedingungen kennen. Kühles Partnergeld wird durch Verhandlungen festgelegt und muss in Verträgen festgehalten werden.

Diese drei Ebenen bieten eine gute Orientierung, um einen fairen Umgang mit den Finanzen unterschiedlicher Art zu finden. »Der Konflikt ist vorprogrammiert, wenn man nicht mal die Stockwerke differenzieren kann«, erklärt der Paartherapeut. Schwierig werde es zum Beispiel, wenn ein Partner zuerst sagt, dass er den Urlaub bezahlt, aber beim nächsten Streit genau dieses Geld zurückfordert.

Genau hier liegt das Problem: Oft trauen wir uns in Gelddingen nicht, das zu sagen, was wir denken. Ein Beispiel: Eine Frau möchte gerne in den Urlaub fahren, ihr Partner hat aber kein Geld dafür. Sie lädt ihn also ein. Es wird weder ein Vertrag noch eine Abmachung geschlossen. Eine Gegeneinladung kann die Frau deshalb nicht erwarten. Es wird als heißes Liebesgeld interpretiert. Um zu signalisieren, dass es sich um Freundschaftsgeld handelt, müsste die Frau klar sagen: Ich leihe dir Geld für den gemeinsamen Urlaub und du zahlst es mir in ein paar Monaten zurück.

Es geht fast immer um klare Kommunikation.

Geld hat die Macht, die Liebe zu stärken, zu stören oder sogar zu zerstören, schreibt Mary. Besonders in der Familienphase sind Konflikte über Geld unvermeidlich. Frauen stellen oft ihre beruflichen Ambitionen zurück und widmen sich ganz der Familie. Doch wenn sie keine Gegenleistung einfordern, geraten sie ins Hintertreffen. Warum fordern Frauen so wenig? Wenn eine Frau die Kindererziehung übernimmt, während der Mann Karriere macht, müssen beide darüber verhandeln, wie das gemeinsame Einkommen gerecht aufgeteilt wird. »Was ist dir deine Karriere wert?« »Was bekomme ich, falls wir uns trennen?«

Diese Fragen sollten Frauen ihrem Partner stellen.

In Gelddingen müssen wir in Verhandlung gehen. Es nützt nichts zu schweigen. Offene Gespräche über Geld können Beziehungen sogar stärken. Falls Sie dies bisher nicht getan haben, tun Sie es jetzt. Dann müssen Sie jetzt noch das Beste für sich aushandeln. Es ist wichtig, nicht darauf zu vertrauen, dass im Falle einer Trennung alles reibungslos abläuft. Es gibt keinen Rechtsanspruch auf die Bezahlung von Care-Arbeit, vor allem nicht im Nachhinein.

Ehepaare können ihre Altersvorsorge auch nach der Hochzeit in einem Ehevertrag regeln. So lässt sich festlegen, dass eine Frau, die wegen der Kindererziehung zu Hause bleibt oder in Teilzeit arbeitet, regelmäßig Zahlungen in eine private Rentenversicherung erhält. Fachanwälte für Familienrecht raten, im Ehevertrag die Bezahlung von Haus- und Care-Arbeit klar zu regeln. Doch bisher kenne ich keine Frau, die das durchgesetzt hat. Care-Arbeit gilt immer noch als selbstverständlich.

Ehe- und Partnerschaftsverträge sind immer noch selten, obwohl jede dritte Ehe geschieden wird.

Die Hamburger Scheidungsanwältin Dr. Elisabeth Unger[16] betont: »Ein Gespräch über Finanzen zu Beginn einer Beziehung kann niemals so unangenehm sein, wie dasselbe Gespräch am Ende einer Beziehung.«

Um Ihnen den Einstieg in dieses Gespräch etwas einfacher zu gestalten, habe ich im Folgenden eine Liste mit wichtigen Punkte für ein Finanzgespräch mit Ihrem Partner zusammengestellt.

To-do-Liste für Finanzgespräche

☐ Sprechen Sie mit Ihrem Partner über Finanzen. Beginnen Sie das Gespräch mit einem klaren Satz wie: »Wir müssen über etwas Wichtiges sprechen – nämlich über Geld.«

☐ Wichtige Fragen, die geklärt werden müssen, könnten sein:
- Welche Bedeutung hat Geld für Sie beide?
- Welche persönlichen finanziellen Ziele haben Sie?
- Was bedeutet finanzielle Selbstbestimmung für Sie?

☐ Haben Sie keine Geheimnisse voreinander. Geld ist ein emotionales Thema, es ist verletzend, wenn man angelogen wird.

☐ Thematisieren Sie Ihre Rentenlücke und fragen Sie Ihren Partner, wie Sie diese Lücke gemeinsam schließen können. Sagen Sie es so: »Ich arbeite seit vielen Jahren Teilzeit, kümmere mich um die Kinder und den Haushalt. Nun habe ich mir von der Rentenversicherung meine Rentenlücke ausrechnen lassen. Ich möchte, dass wir darüber reden und eine Lösung finden.«

- ☐ Respektieren Sie die unterschiedlichen Ansätze im Umgang mit Geld. Jeder Mensch hat seine eigene Art, mit Finanzen umzugehen. Der eine gibt gern Geld aus, während der andere eher sparsam ist. Finden Sie Kompromisse für Dinge, die beide betreffen.
- ☐ Reden Sie regelmäßig über Finanzen. Machen Sie Geldgespräche zur festen Gewohnheit. Diskutieren Sie sowohl lang- als auch kurzfristige Ziele. Der eine träumt vielleicht von einem neuen Auto, während die andere lieber nach New York reisen möchte. Keine Sorge: Solche Geldgespräche stärken die Beziehung.
- ☐ Passen Sie Ihre finanziellen Strategien an, wenn sich Ihre Lebensumstände und Ziele ändern. Flexibilität kann helfen, mit Veränderungen umzugehen und auf neue Herausforderungen vorbereitet zu sein.
- ☐ Trotz aller Gemeinsamkeiten: Bleiben Sie unabhängig. Behalten Sie ein eigenes Konto, eigenes Geld und eigene Einnahmequellen.

Spiele-Tipp

Veranstalten Sie eine »Finanz-Dinner-Party« mit Freunden. Laden Sie sie zu einem Abendessen ein und kündigen Sie ein interaktives Finanzspiel an. Bereiten Sie Themenkarten zu Finanzthemen vor. Schreiben Sie Begriffe auf Karteikärtchen wie Sparen, Investieren, Schulden, Aktien, Lieblings-Investment, Budgetierung, finanzielle Ziele oder Fehler. Ziel des Spiels ist es, offen über Finanzen zu sprechen und voneinander zu lernen. Spielablauf: Jeder zieht reihum eine Themenkarte und liest das Thema laut vor. Derjenige, der die Karte gezogen hat, beginnt die Diskussion mit seinen Gedanken oder Erfahrungen. Die anderen können Fragen stellen oder ihre eigenen Erlebnisse teilen. Dieses Spiel ermöglicht nicht nur, mehr über Finanzen zu lernen, sondern stärkt auch das Vertrauen und die Verbindung unter Freunden. Viel Spaß!

Web-Tipp

Die Internetseite www.mitgeldundverstand.de beantwortet grundlegende Fragen zum Thema Finanzen: Was sind Steuern und warum müssen wir sie zahlen? Was ist ein ETF? Wie sinnvoll ist ein Finanz-Coaching im Internet? Was ist ein Darlehen? Wie schützt mich eine Einlagensicherung? Die Plattform, eine Initiative von Bundesfinanz- und Bundesbildungsministerium, bietet auch eine Suchfunktion nach Schlagworten. Für den Einstieg finden Nutzer hier viele gut erklärte Themen: *<www.mitgeldundverstand.de>*.

Strategie 2: Finanzwissen ist kein Hexenwerk – so gelingt der Einstieg

In unseren Schulen wird kaum Finanzwissen vermittelt, und die Finanzindustrie zeigt wenig Interesse an gut informierten Kunden. Vor einigen Jahren löste die Schülerin Naina aus Köln eine Diskussion aus, indem sie auf Twitter feststellte, dass sie in der Lage sei, eine Gedichtanalyse in vier Sprachen zu schreiben, aber nichts über Steuern, Rente und Versicherungen wisse. Dabei könnte man mithilfe eines Taschenrechners und der Grundrechenarten viele unkluge Entscheidungen vermeiden.

Alexandra Niessen-Ruenzi, die an der Universität Mannheim über Frauen und Finanzen forscht, hat herausgefunden, dass das Finanzverhalten von Frauen stark durch ihre Sozialisierung geprägt ist. »Vor einigen Jahren führten wir eine Umfrage unter Studierenden durch und stellten fest, dass Finanzthemen weitaus häufiger zwischen Vätern und Söhnen diskutiert werden«, sagte sie gegenüber der »Deutschen Welle«.[17] Frauen würden demnach von klein auf seltener mit diesen Themen konfrontiert, was erklärt, warum sie oft unsicher sind und möglicherweise einen inneren Widerstand verspüren, sich mit Vermögensbildung auseinanderzusetzen.

Wozu brauchen wir Finanzwissen?

Finanzwissen ist der Schlüssel, um Geld klug zu investieren, Vermögen aufzubauen und die Altersvorsorge zu verstehen. Finanzbildung startet nicht bei den komplizierten Themen wie Finanzmärkte, Geldpolitik oder Wirtschaft. Sie beginnt da, wo wir täglich unsere Entscheidungen treffen: im Alltag. Es geht darum, zu verstehen, wie ein

Girokonto funktioniert, welche Versicherungen wirklich sinnvoll sind und wie wir unser Erspartes optimal anlegen können. Hier lauern oft Fallstricke, die teuer werden können. „Der vorausschauende und kluge Umgang mit Geld ist eine essenzielle Kulturtechnik und steht Fähigkeiten wie Lesen, Schreiben und Rechnen in nichts nach«, schreibt die Soziologin Birgit Happel.[18]

Wie steht es um das Finanzwissen in Deutschland?

Die Finanztip Stiftung untersuchte im Jahr 2021 das Finanzwissen der Bevölkerung. In einer umfangreichen Studie[19] befragte sie über 3.000 Menschen im Alter von 16 bis 69 Jahren zu Finanzthemen wie Versicherungen, Krediten und Aktien. Die Teilnehmer konnten bis zu 12,5 Punkte erreichen, wenn sie alle Fragen richtig beantworteten. Mehr als die Hälfte der Befragten erzielte jedoch nur 6 Punkte, was einer Schulnote von vier minus oder schlechter entspricht. Die Studie zeigte auch, dass Frauen im Vergleich zu Männern weniger über Finanzen wissen. So erreichte fast ein Viertel der Frauen nur maximal 3 Punkte. Bei den Männern war es nur rund ein Fünftel.

Augen auf bei der Auswahl Ihrer Informationsquellen

Die meisten Menschen lernen über Finanzen aus Gesprächen mit der Familie, mit Freunden und Bekannten. Einige bilden sich mit Ratgebern oder Finanzwebsites weiter. Auch soziale Medien und Influencer dienen oft als Informationsquelle. Eine Umfrage der Bundesanstalt für Finanzdienstleistungsaufsicht (BaFin) vom Mai 2024 zeigt: Erwachsene im Alter von 18 bis 45 Jahren nutzen immer mehr soziale Medien, um sich über Finanzthemen zu informieren. Befragt wurden 1.000 Personen dieser Altersgruppe, die in den letzten zwei Jahren Geld angelegt haben. Besonders beliebt waren YouTube und Instagram. Wer über 50 ist, greift eher auf klassische Medien, wie Tageszeitungen und Bücher, zurück.

Dr. Johannes Treu, Professor für Betriebswirtschaftslehre an der IU Internationalen Hochschule, sieht in den sozialen Medien ein typisches Herdenverhalten: Informationen verbreiten sich schnell und einfach, oft ohne fachliche Prüfung. Viele positive Erfolgsnachrichten verleiten dazu, das finanzielle Risiko zu unterschätzen.[20]

Viele lassen sich von Finfluencern[21] inspirieren, wenn es konkret ums Investieren geht. Doch nicht jeder weiß, dass diese Influencer oft bezahlt werden, um bestimmte Finanzprodukte zu empfehlen. Transparenz? Fehlanzeige. Das Problem dabei: In den sozialen Medien gibt es keine Qualitätskontrolle darüber, wer da eigentlich Tipps und Ratschläge erteilt. »Studien zeigen, dass 56 Prozent dieser Finfluencer schlechte Ratschläge geben, wodurch Anleger eher Geld verlieren«, erklärt Alexandra Niessen-Ruenzi, Professorin für Betriebswirtschaftslehre an der Universität Mannheim.

Es genügt also nicht, sich auf die Ratschläge von Influencern zu verlassen.

Besondere Vorsicht ist beim Geschäftsmodell »Frauenfinanzen« in den sozialen Medien geboten. Der Finanzexperte Nikolaus Braun warnt: »Hinter der feministischen Rhetorik und der Annahme, dass Frauen andere Frauen besser verstehen als Männer, verbirgt sich oft ein knallhartes Provisionsgeschäft.«[22] Dabei würden massenhaft suboptimale Produkte an gutgläubige Kundinnen verkauft. Das Modell scheint eine geniale Geschäftsidee zu sein, denn die Frauen-Finfluencer werden immer mehr. Sie nutzen vor allem die sozialen Medien, um Werbung für ihre Produkte zu machen.

Angeboten wird meist ein kostenloses Einführungsseminar, das wiederum eine Werbung für anschließende Coachings ist. Diese Masterclasses kosten meist einen vierstelligen Betrag.

Da ist es günstiger und effizienter, sich Finanzwissen selbst anzueignen. »Die Coachings sind oft teuer, Preise und Leistungen nicht transparent. Frauen geben in den Kursen meist mehr Geld aus als bei einer Honorarberatung, ohne jedoch individuell beraten worden zu sein«, sagte Sascha Straub, Finanzexperte der Verbraucherzentrale Bayern auf Anfrage.

»Finanz-Coachings sind für diejenigen, die sie anbieten, ein lukratives und meist risikoloses Geschäftsmodell. Für die Richtigkeit ihrer Tipps haften die Anbieter in der Regel nämlich nicht«, warnt auch die BaFin auf ihrer Internetseite.[23] In der Welt des Coachings existieren keine festen Anforderungen an die Qualifikationen der Verkäufer. Jeder kann sich als Coach oder Mentorin bezeichnen. Ein Nachweis über Expertenwissen oder eine formale Coaching-Ausbildung ist dabei nicht erforderlich.

Die Plätze für das Coaching sind begrenzt und nahezu ausgebucht? Sie müssen sich für die Teilnahme bewerben? Informationen über die Kosten des Coachings erhalten Sie erst, nachdem Sie Ihre persönlichen Daten registriert haben? Bei solchen Angeboten ist Vorsicht geboten, warnt die BaFin.

Welche Rolle spielt die eigene Denkweise?

Warum lassen wir uns von diesen einfachen Tricks täuschen? In unserem kollektiven Unterbewusstsein ist tief verankert, dass Frauen im Umgang mit Geld weniger geschickt sind als Männer. Das stimmt aber nicht. Wenn Frauen über Finanzen nachdenken, kommen ihnen oft Begriffe wie Überforderung, Mangel, Chaos, Komplexität und Unzufriedenheit in den Sinn. Diese negativen Glaubenssätze bremsen Sie aus. Hinterfragen Sie Ihre Denkweise.

Hier ein paar hilfreiche Fragen:

- Glaube ich, dass ich als Frau, egal wie hart ich arbeite, nie den gleichen finanziellen Erfolg wie ein Mann haben kann?
- Finde ich es unhöflich oder unangemessen, über Geld zu sprechen?
- Halte ich es für unverschämt, von meinem Arbeitgeber mehr Lohn zu fordern?
- Denke ich, dass ich meine Bedürfnisse zugunsten anderer zurückstellen sollte?

- Glaube ich, dass es unmoralisch ist, viel Geld zu verdienen?
- Fühle ich, dass ich finanziellen Erfolg nicht verdiene?
- Glaube ich, dass ich nicht genug Wissen habe, um kluge finanzielle Entscheidungen zu treffen?
- Erscheint mir finanzielle Unabhängigkeit unerreichbar?

Eine Person mit einer gesunden Einstellung zu Geld würde jede dieser Fragen verneinen. Beantworten Sie eine oder mehrere Fragen mit »Ja«, lohnt es sich, tiefer nachzuforschen. Fragen Sie sich: »Warum denke ich, dass ich nicht so viel verdiene?« Nur wer seine Einstellung zum Geld positiv verändert, kann seine Finanzen verbessern. Diese Fragen helfen, tief verwurzelte Überzeugungen zu erkennen und zu ändern. Keine Sorge, Sie müssen deshalb nicht gleich eine Therapie machen.

Doch nur so können Sie Ihre finanzielle Lage aktiv verbessern.

Unsere Denkweise über Geld wird von vielen Faktoren geprägt: Unser Elternhaus und auch die wirtschaftliche Ära, in der wir aufwachsen, hinterlassen Spuren. Menschen, die in wirtschaftlich schwierigen Zeiten groß werden, entwickeln oft ein anderes Verhältnis zu Geld als jene, die in Phasen des wirtschaftlichen Aufschwungs heranwachsen. Ebenso formen die ersten Erfahrungen im Berufsleben unser Verhältnis zu Geld. Die Summe all dieser Erlebnisse bestimmt unser Money-Mindset, also unsere Einstellung zum Thema Geld.

Wie kann ich mich finanziell weiterbilden?

Finanzielle Allgemeinbildung sollte schon im Kindesalter beginnen. Wenn Sie Eltern sind, dann holen Sie das Thema Finanzen aus der Tabuzone. Sprechen Sie mit Ihren Kindern über Geld. Nur so können Kinder verstehen, woher das Geld kommt, wofür es verwendet wird und wie man es klug einsetzt. Finanzielles Wissen ist in allen Bereichen des Lebens notwendig. Es ist der erste Schritt, um zu begreifen, dass langfristiges Anlegen sich im Grunde kaum von Sparen unterscheidet, jedoch auf lange Sicht deutlich bessere Ergebnisse erzielt.

Gerade Frauen sind hier noch viel zu zaghaft. Laut einer Studie des Vermögensverwalters J. P. Morgan Asset Management sparen über 75 Prozent der Frauen regelmäßig, während weniger als 20 Prozent von ihnen tatsächlich investieren.[24]

»Frauen haben viel zu oft das Gefühl, etwas falsch zu machen«, sagte Ilse Munnikhof, Head of Investment Advice bei ING Deutschland gegenüber der Frankfurter Allgemeinen Zeitung.[25] Frauen seien für die Haushaltskasse zuständig, aber um das große Ganze, das Sparen und das Vermögen kümmere sich immer noch der Mann. Das kann doch nicht wahr sein. Ist es aber.

Alexandra Niessen-Ruenzi empfiehlt die örtlichen Volkshochschulen, im Gegensatz zu vielen Internetangeboten, als verlässliche Informationsquelle. Diese bieten günstige und qualifizierte Kurse zu Geldanlagethemen an.

Gerade Menschen mit niedrigem Einkommen, wie Mütter, dürfen nicht noch auf falsche Empfehlungen hereinfallen.

In Sachen Finanzbildung hat »Deutschland noch Aufholbedarf«, das gibt sogar ein Sprecher des Bundesfinanzministeriums auf meine Anfrage zu. »Gute Finanzbildung ist entscheidend zur vollen gesellschaftlichen und ökonomischen Teilhabe. Nur so ist es jedem individuell möglich, selbstbestimmt passende finanzielle Entscheidungen für den eigenen Lebensweg zu treffen. Dabei geht es nicht allein um Investitionsentscheidungen, sondern um finanzielle Bildung im umfassenden Sinne: etwa auch um Fragen bei Vertrags- und Kaufentscheidungen, der Wahl der Altersvorsorge. So ist Finanzbildung auch ein Instrument für mehr Chancengerechtigkeit«, so der Sprecher weiter.

Reden Sie über Finanzen – das ist das Beste, was Sie tun können. Das Zitat »Über Geld spricht man nicht« ist längst überholt. Man sollte und muss über Geld reden. Je früher, desto besser. Eigenen Sie sich Finanzwissen an. Als Unterstützung habe ich Ihnen eine To-do-Liste zusammengestellt.

To-do-Liste für Finanzwissen

☐ Sprechen Sie mit Ihrem Partner, Ihren Kindern und Freunden über Geld. Diskutieren Sie offen. Lernen Sie voneinander. Auch Spiele wie Monopoly oder Das Spiel des Lebens können schon Kindern ein grundlegendes Verständnis für Geld vermitteln.

☐ Fragen Sie, wie andere ihr Geld investieren und welche Anlagestrategien erfolgreich waren. Das bietet wertvolle Einblicke und hilft auch, Fehler zu vermeiden.

☐ Reden Sie über Gehälter und Einkommen, um den Marktwert verschiedener Berufe besser zu verstehen.

☐ Nutzen Sie Fachzeitschriften wie den Finanz-Guide für Frauen von Brigitte, Finanztest, Guter Rat, Capital oder WirtschaftsWoche. Diese finden Sie oft in öffentlichen Bibliotheken.

☐ Unterstützen Sie sich gegenseitig in der finanziellen Bildung. Lesen Sie gemeinsam Bücher oder besuchen Sie Kurse, um Ihr Wissen zu erweitern.

☐ Lesen Sie regelmäßig den Wirtschaftsteil Ihrer Tageszeitung, um über aktuelle Entwicklungen informiert zu bleiben.

☐ Hören Sie Finanz-Podcasts, um unterwegs von Expertenwissen zu profitieren, zum Beispiel Handelsblatt Today – Der Finanzpodcast mit News zu Börse, Aktien und Geldanlage, F.A.Z. Finanzen & Immobilien, »Alles auf Aktien«, der tägliche Aktienpodcast der Zeitung »Die Welt«.

☐ Lesen Sie Bücher über Finanzen. Eine Literaturliste finden Sie am Ende dieses Buches.

☐ Melden Sie sich für Finanzkurse an der Volkshochschule an.

☐ Arbeiten Sie an einer positiven Einstellung zu Geld. Hier sind einige positive Glaubenssätze:

- Der Umgang mit Geld macht mir Freude.
- Geld zu besitzen, schenkt mir Freiheit.
- Geld hat das Potenzial, Gutes zu bewirken.
- Geld macht mich unabhängig.
- Geld unterstützt mich dabei, meine Träume zu verwirklichen.
- Als Frau kann ich finanziell erfolgreich sein.
- Geld ist ein Werkzeug, um meine Ziele zu erreichen.
- Finanzielle Unabhängigkeit ist ein wichtiges Ziel.

Web-Tipp

Auf der Internetseite www.wirtschaftswerkstatt.de lernt man nicht nur viel über Finanzthemen, sondern kann auch sein Wissen in drei Schwierigkeitsstufen testen. Das macht Spaß! Die Quiz eignen sich für die ganze Familie. Man kann sogar gegeneinander antreten. Außerdem gibt es ein »Vorsorge Memory« mit den wichtigsten Begriffen zum Thema Vorsorge. Die Wirtschaftswerkstatt ist eine Bildungsinitiative der Schufa.
<www.wirtschaftswerkstatt.de>

Strategie 3: Teilen Sie die Haus- und Care-Arbeit auf, nur so können Sie genug Geld für die Rente verdienen

Karin Kuhn, mittlerweile 70 Jahre alt, hat erfolgreich eine städtische Bankfiliale geleitet und schon früh in Aktien investiert. Wie sie das geschafft hat – auch noch zu der damaligen Zeit?

»Mit Hilfe meines Ehemanns«, sagt sie stolz.

Es gibt kaum eine Branche, die so männerdominiert ist wie die Finanzbranche. Im deutschen Bankensektor in den oberen Etagen halten Männer auch heute die Zügel fest in der Hand. Eine Untersuchung des Deutschen Instituts für Wirtschaftsforschung zeigt, dass der Frauenanteil in den Vorständen der 100 größten Banken des Landes nur 14Prozent erreichte.[26] 1969, als Kuhn nach ihrem Abitur eine Lehre zur Bankkauffrau begann, gab es kaum Frauen in den Spitzenpositionen dieser Branche.

Während ihrer Ausbildung lernte sie ihren späteren Ehemann kennen, einen Psychologiestudenten. Es war Liebe auf den ersten Blick. Im Laufe ihrer Karriere arbeitete sie in verschiedenen Bereichen, vor allem im Kredit- und Anlagegeschäft. Ihr Ehrgeiz zahlte sich aus, sodass sie 1982 die Gelegenheit erhielt, die Leitung einer Filiale zu übernehmen. »Das war wunderbar. Ich fühlte mich wertgeschätzt, und meine Arbeit machte mir viel Freude«, erzählt die heute 70-Jährige mit einem verschmitzten Lächeln. Nach der Geburt ihres ersten Kindes kehrte sie mit 90 Prozent ihrer Arbeitskraft zurück. Nach dem zweiten Kind war sie wieder voll im Einsatz.

Wo viele Frauen nur den Kopf schütteln, sagt Karin Kuhn, dass die Vereinbarkeit von Beruf und Familie gelingen kann, wenn alle Beteiligten Flexibilität und Verständnis zeigen. Das gilt nicht nur für den

Ehemann, sondern auch für den Arbeitgeber. »Wenn eine Konferenz aus familiären Gründen einmal nicht stattfinden kann, dann ist das so und sollte kein großes Thema sein«, betont Kuhn.

Nach der Geburt ihres dritten Kindes stand sie kurz davor, die Finanzbranche zu verlassen. »Die Arbeitsbelastung war enorm, und ich dachte teilweise, dass ich es nicht mehr schaffe, allem gerecht zu werden«, erzählt sie. Doch sie weiß rückblickend auch, dass sie stets viel Glück mit ihrer häuslichen Situation hatte. Ihr Mann hat immer viele Aufgaben übernommen. Noch dazu hatte sie Eltern, die immer wieder einsprangen. »Ich war für meine Kinder da, wenn sie mich gebraucht haben. Aber jeden Tag in die Schule bringen konnte ich sie zum Beispiel nicht.«

In Deutschland ist inzwischen jede dritte Führungskraft eine Frau. Das klingt erst mal gut. Kein Grund zur Sorge also. Doch: Denn viele Frauen stecken weiterhin in der »Kümmerfalle«. Das liegt nicht allein an ihnen – es ist ein strukturelles Problem. Wer sich um Kinder und Haushalt kümmert, dafür weniger arbeitet, hat finanzielle Einbußen. Wir müssen eines tun: Haus- und Care-Arbeit gerechter verteilen.

Wie das gelingt, erläutere ich im Folgenden.

Wie kann Care-Arbeit gerechter verteilt werden?

Stellen Sie sich vor, Sie kommen nach einem langen Arbeitstag nach Hause. Statt Ruhe erwartet Sie ein Berg von unerledigten Aufgaben. Der Kühlschrank ist leer, die Spülmaschine voll und der Wäschekorb quillt über. Die Kinder fragen nach dem Abendessen. Diese Szenen spielen sich in vielen Haushalten ab. Frauen werden oft mit diesen Aufgaben alleingelassen. Warum bleibt die Hausarbeit an ihnen hängen? Die Antwort liegt tief in den traditionellen Rollenbildern verwurzelt. Die Vorstellung, dass die Frau, die Mutter, den ganzen Haushalt im Alleingang schmeißt, hat sich über Generationen hinweg fest in den Köpfen verankert.

Die britische Autorin Otegha Uwagba nennt das Phänomen ›unsichtbare Arbeit‹. »Heute wirst du umsonst arbeiten. Und wenn du es nicht heute tust, wirst du es morgen tun«, schreibt die Journalistin in ihrem Buch »Wir müssen über Geld sprechen«. Sie fährt fort: »Wir sind die unsichtbaren Arbeitsbienen, die Familien und Freundesgruppen, globale Konzerne und ganze Gesellschaften zusammenhalten, und doch bleibt diese Arbeit nicht nur unbezahlt, sondern wird oft auch nicht anerkannt.«[27]

Die Zahlen sprechen eine klare Sprache: Frauen im Alter von 35 bis 40 Jahren widmen täglich neun Stunden ihrer Zeit der Fürsorgearbeit. Das ist mehr als doppelt so viel wie ihre männlichen Altersgenossen. Diese Erkenntnis stammt vom Deutschen Institut für Wirtschaftsforschung.[28] Durch diese immense Verpflichtung bleibt den Frauen weniger Zeit für bezahlte Arbeit, was bedeutet, dass sie bei ihrer beruflichen Karriere Abstriche machen müssen. »Fürsorgearbeit ist wertvoll und wichtig, macht aber im schlimmsten Fall arm«, warnt auch die Soziologin Birgit Happel.[29]

Wurden wir schon zu Hausfrauen erzogen?

Hausarbeit, Betreuungsarbeit – und wenn die Frau nicht aufpasst, organisiert sie auch im Büro das Essen, besorgt und schreibt Glückwunschkarten und räumt die Spülmaschine dort aus. Irgendwie scheint die ganze Welt zu denken, dass Frauen Hausarbeit in die Wiege gelegt wurde. Vielleicht ist das auch so. Tatsächlich belegen Studien, dass Mädchen schon im Kindesalter mehr im Haushalt mithelfen müssen als Jungen.

Warum sind wir noch immer so tief in diesen Rollenbildern verwurzelt? Eine mögliche Erklärung liegt in der Vergangenheit: Unsere Mütter, das waren die Hausfrauen der 1970er- und 1980er-Jahre. Dieses traditionelle Familienbild hat zweifellos sowohl Männer als auch Frauen nachhaltig geprägt. Unsere Mütter kümmerten sich um die Wäsche, die Küche und die Freizeitgestaltung – und waren entweder gar nicht berufstätig oder arbeiteten nur halbtags. Diese Rollenverteilung entstand aus wirtschaftlichen und gesellschaftlichen Bedürfnissen und hat sich über Generationen hinweg verfestigt.

Auch wenn sich die Gesellschaft verändert hat und Frauen heute in viel größerem Umfang berufstätig sind, sind die traditionellen Geschlechtsrollen in vielen Köpfen verankert. Frauen, die in dieser Zeit groß wurden, lernten, dass ihre primäre Rolle im häuslichen Bereich lag. Die Auswirkungen sind heute noch spürbar.

Sich von dem Leben der Eltern abzugrenzen und eigene, neue Rollenmodelle zu entwickeln, das ist eine Aufgabe, sowohl für Männer als auch für Frauen. Doch zugegeben: Es ist furchtbar schwer, aus diesen alten Mustern herauszukommen.

Das traditionelle Modell, bei dem Männer das Geld nach Hause bringen und Frauen den Haushalt schmeißen, hat sich vor allem im Westen lange und hartnäckig als das ultimative Erfolgsrezept verkauft. Die Rollen sind klar verteilt. Für viele junge Familien klingt das immer noch ziemlich verlockend. Die gesellschaftlichen Muster sind so tief verankert, dass viele sie gar nicht hinterfragen. Erst nach einer Scheidung merken viele Frauen, dass wir längst im Jahr 2025 angekommen sind – und nicht mehr in den 1970er-Jahren feststecken.

Die zuvor diskutierte Diskrepanz führt nicht nur zu einer geschlechtsspezifischen Lohnlücke, sondern zwangsläufig auch zu einer Rentenlücke, dem sogenannten Gender Pension Gap. Bis zum Alter von 35 Jahren entwickeln sich die Rentenansprüche von Männern und Frauen noch relativ gleich. Dann öffnet sich die Schere, und Frauen werden, was das Gehalt – und folglich auch die Rente – angeht, immer weiter abgehängt. In den alten Bundesländern ist die Rente eines Mannes fast doppelt so hoch wie die einer Frau. In den neuen Bundesländern fällt der Unterschied geringer aus (28 Prozent), da Frauen dort in der Regel kontinuierlich gearbeitet und entsprechende Versicherungsjahre angesammelt haben.

In der Altersgruppe der 36- bis 45-jährigen Frauen liegt die geschlechtsspezifische Rentenlücke bereits bei 15 Prozent, und bei den 46- bis 55-Jährigen klafft sie sogar um 27 Prozent auseinander.[30]

Rentenansprüche von Frauen und Männern im Vergleich

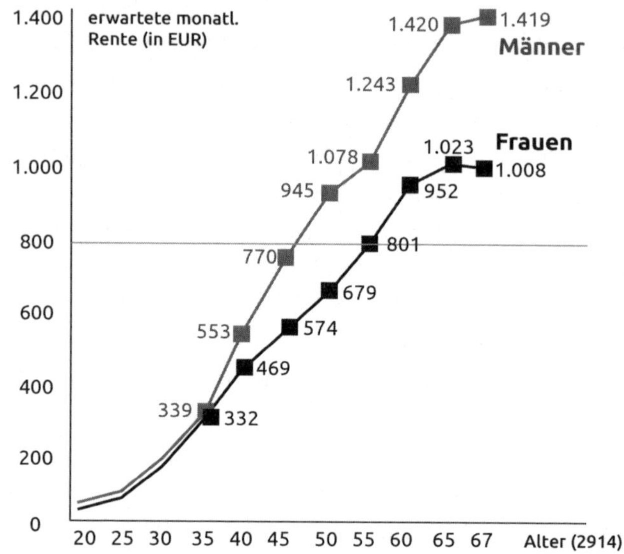

Quelle: A. Niessen-Ruenzi/ C. Schneider, The Gender Pension Gap in Germany, 2019.

Die finanziellen Einbußen, die Mütter in Deutschland erleiden, wenn sie ein Kind bekommen, sind also gravierend. »Der Einkommensverlust bleibt im langfristigen Vergleich bestehen und beträgt auch zehn Jahre nach der Geburt des ersten Kindes im Schnitt 61 Prozent gegenüber dem Jahr vor der Geburt.« [31] Ganz anders sieht es in den skandinavischen Ländern aus: Diese schaffen bessere Voraussetzungen für eine partnerschaftliche Rollenverteilung durch Individualbesteuerung, moderne Rollenbilder sowie eine gute und verlässliche Kinderbetreuung.

Laut dem Siebten Armuts- und Reichtumsbericht der Bundesregierung gleichen sich die Lebenseinkommen von Frauen und Männern über die Kohorten hinweg an – aber nur sehr langsam. Das Lebenseinkommen von Frauen beträgt bei den Jahrgängen 1970 bis 1979 nur 60 Prozent des Lebenseinkommens von Männern.

Diese Jahrgänge sind wir, die über 50-Jährigen.

Wie wirkt sich das Ernährermodell auf die Rente aus?

Wenn Sie sich voller Liebe und ganz umsonst um die Familie kümmern – dann tut das allen gut, nur nicht Ihrem Rentenkonto. Warum jonglieren nur wir Frauen zwischen Erwerbs- und Care-Arbeit? Wo sind die Männer? Eigentlich sollten noch vor der Geburt für Eltern Kurse angeboten werden, wie sie die Hausarbeit gerecht aufteilen können. Mit einer konkreten Anleitung, nicht nur »Wie wische ich einen Holzfußboden?«, sondern »Wie wähle ich die richtige Steuerklasse?« und »Wie bilde ich mich finanziell weiter?«. Viele Frauen haben keine Ahnung, was Elternzeit, Mini- oder Teilzeitarbeit für sie und vor allem für ihre spätere Rente bedeuten.

Die Studie »Kind und Karriere. Vereinbar für alle?«[32] aus dem Jahr 2023 zeigt schonungslos: Es hat sich kaum etwas verändert. Unglaubliche 71 Prozent der Frauen stemmen die Care-Arbeit weitgehend allein. Männer? Nur 22,5 Prozent übernehmen diese Aufgaben. Nicht einmal ein Viertel der Paare teilt sich diese Arbeit fair. Diese Ungleichheit ist nicht hinnehmbar. Ein Wandel ist dringend notwendig!

Laut einer Studie von Uta Brehm und anderen aus dem Jahr 2022 erleben Mütter, unabhängig von der Dauer ihrer Elternzeit, drei Jahre nach ihrer Rückkehr in den Beruf häufig berufliche Rückschläge. Väter hingegen gewinnen durch die Geburt eines Kindes an Ansehen und machen eher Karriere, insbesondere jene, die eine längere Elternzeit in Anspruch nehmen. Diese Entwicklung ist eine gute Nachricht für die Väter, jedoch bedauerlich für die Mütter. Aus rein wirtschaftlicher Sicht stellt der Nachwuchs für sie sogar einen Nachteil dar.[33]

Kein Wunder also, dass die Geburtenrate in Deutschland immer weiter sinkt. 2024 hatte sie einen neuen Tiefststand erreicht.

Also liebe Frauen, wenn Sie nicht bis ans Lebensende auf dem finanziellen Schleudersitz ausharren wollen, dann packen Sie das Thema Haus- und Care-Arbeit beim Schopf! Eine faire Aufteilung mit dem Partner ist der Schlüssel zur Unabhängigkeit. Klingt leicht, erfordert aber häufig Überzeugungsarbeit innerhalb der Beziehung. Doch Beispiele wie die Ehe der Kuhns zeigen, dass es möglich ist.

Aufteilung der Familienarbeit / Care-Arbeit

Antwort auf die Frage: »Wie haben Sie die Familienarbeit / Care-Arbeit (z. B. Kinderbetreuung) mit Ihrem Partner / Ihrer Partnerin bzw. dem anderen Elternteil aufgeteilt?«

Angaben in Prozent der Befragte, die Kinder haben oder bei denen Kinder im Haushalt leben.

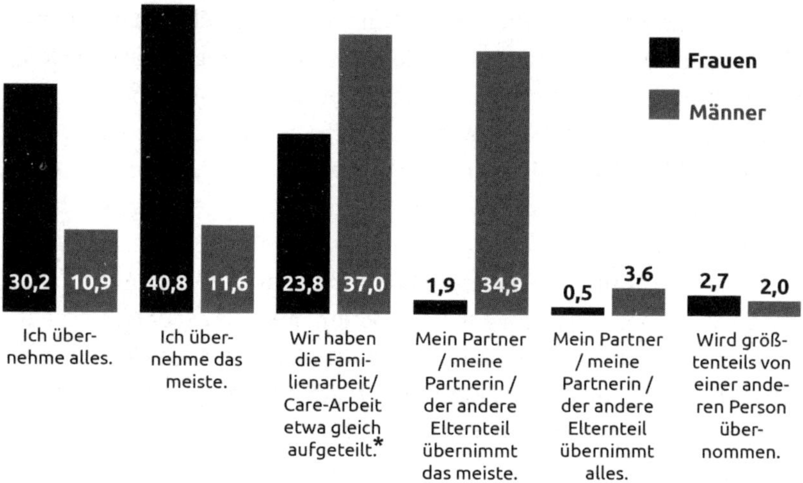

* Unterschied zwischen den Geschlechtern: deutlich weniger Frauen empfinden die Aufteilung der Familienarbeit als »gleichwertig«.

Quelle: IU Internationale Hochschule, Studie »Kind und Karriere. Vereinbar für alle?«, Erfurt 2023.

Wunsch und Wirklichkeit

45 ***Prozent der Eltern wünschen sich eine partnerschaftliche Aufteilung bei der Kinderbetreuung.***

17 ***Prozent der Eltern übernehmen etwa gleiche Teile bei der Kinderbetreuung.***

Quelle: Väterreport Update 2021, Bundesfamilienministerium

Wie können die Aufgaben gut verteilt werden?

»Listen Sie gemeinsam auf, welche Arbeiten zu erledigen sind«, empfiehlt die Familienpädagogin Giuliana Carminati. Sie selbst hat eine Liste mit den gängigen Tätigkeiten erstellt und kam auf über 70 verschiedene Positionen. Das ist eine erschreckend hohe Zahl. Zwar fallen nicht alle Aufgaben jeden Tag an, aber viele müssen täglich erledigt werden. Diese Aufgaben muss man gemeinsam anpacken.

Familie, Arbeit und Haushalt unter einen Hut zu bringen, gleicht einem Drahtseilakt. »Würden wir solche Anforderungen im Job bekommen, würden wir alles erst einmal strukturieren und uns richtig organisieren«, erklärt die Familienberaterin im Gespräch. Auch bei der Familienarbeit fügt sich das nicht von selbst. »Viele Paare machen den Fehler, keine konkreten Pläne zu machen.« Es ermüdet nicht allein das Kochen, Müll rausbringen oder Wäsche aufhängen. »Es ist die Fülle der vielen täglichen Aufgaben, die belastet«, betont Carminati. Oft versuchen wir, mehrere Aufgaben gleichzeitig zu erledigen und verlieren dabei den Überblick. Kein Wunder, dass Vorwürfe, Nörgeleien und schlechte Laune die Folge sind.

To-do-Liste für Familienarbeiten

- ☐ Notieren Sie gemeinsam alle täglichen, wöchentlichen und monatlichen Aufgaben, die in Ihrem Haushalt anfallen. Das hilft, einen Überblick über die anstehenden Arbeiten zu bekommen.
- ☐ Setzen Sie sich mit Ihrem Partner und Ihren Kindern zusammen, um die Aufgaben fair zu verteilen.
- ☐ Berücksichtigen Sie die Stärken und Vorlieben aller, um die Hausarbeit so angenehm wie möglich zu gestalten. Der eine kocht gerne, der andere hängt lieber die Wäsche auf.
- ☐ Planen Sie realistisch. Nicht alles ist machbar. Es ist oft sinnvoller, für das Familienfest keinen Kuchen zu backen, sondern

einen beim Bäcker zu kaufen oder den Aufstrich für das Partybuffet im Supermarkt zu besorgen.

- ☐ Vereinbaren Sie regelmäßige Treffen, um die Aufgabenverteilung zu überprüfen und gegebenenfalls anzupassen.
- ☐ Hängen Sie die Aufgabenlisten oder Ihren Kochplan für die Woche gut sichtbar an Ihrem Kühlschrank auf. Das sorgt für Klarheit und erinnert alle Beteiligten an ihre Aufgaben.
- ☐ Nutzen Sie die gewonnene Zeit für Ihre Lohnarbeit oder als Zeit für Sie selbst, für Ihre Hobbys oder beispielsweise einen Besuch in der Sauna.
- ☐ Ein kleines Lob wirkt Wunder. Jeder freut sich über Anerkennung, und ein ehrlich gemeintes Danke.

Gerade die Themen Kochen und Einkaufen sind große Zeitfresser, weshalb ich Ihnen gerne dafür nachfolgend noch weitere Ideen und Tipps auf den Weg geben möchte.

Jeden Tag ein anderer Frühstückschef

In unserem Fünf-Personen-Haushalt ereignete sich vor ein paar Jahren eine Frühstücks-Revolution: Seitdem übernimmt jeden Tag ein anderes Familienmitglied die Verantwortung für die morgendliche Mahlzeit. Viele Jahre war ich allein die Küchenfee. Eines Tages habe ich mich gefragt: Warum immer nur ich?

Unsere neue Regelung ist ein Glücksgriff. Da jeder nur einmal pro Woche an der Reihe ist, fühlt sich niemand überfordert. Jeder gestaltet das Frühstück nach Lust und Laune: Die einen schneiden Brot auf und bieten Wurst, Käse und Marmelade an, während andere ein gesundes Müsli zaubern, Porridge kochen oder Haferflocken mit Zimt und Zucker anbraten. Und nach dem Frühstück räumt derjenige ab, der es vorbereitet hat. Am Wochenende? Da wechseln wir uns einfach ab, ohne festen Plan.

Mag sein, dass es banal klingt, aber diese kleine Änderung hat mein Leben verbessert. Jetzt überlege ich, diese Idee auch auf das Abendessen zu übertragen. Wer weiß, vielleicht wird eines Tages sogar die Wäsche zur neuen Familienattraktion.

Organisation in der Küche: Warum Planung so wichtig ist

»Kochen erfordert volle Aufmerksamkeit und verdient die Wertschätzung aller Familienmitglieder«, betont die Familienberaterin Carminati. Kochen ist ein kreativer Prozess, der zwar Freude bereitet, aber auch anstrengend ist. Das Zubereiten der täglichen Mahlzeiten wird viel zu wenig gewürdigt, es wird oft als selbstverständlich hingenommen. Kochen Sie so oft wie möglich gemeinsam mit Partner und Kindern: Einer schneidet das Gemüse, ein anderer kocht und die Kinder decken den Tisch.

68 ***Prozent der Frauen mit Kindern kochen täglich.***
38 ***Prozent der Männer mit Kindern kochen täglich.***
Quelle: Deutsche Gesellschaft für Ernährung

Mein Mann kocht ungern, aber er grillt gerne. Daher gibt es bei uns einmal die Woche, egal ob Sommer oder Winter, etwas Gegrilltes. Sonntags schreiben wir gemeinsam die Einkaufsliste und planen die Mahlzeiten für die Woche. Jeder bringt Ideen ein, und die Kinder freuen sich, wenn wir ihre Vorschläge berücksichtigen. Seitdem werfen wir weniger Lebensmittel weg, und das Gemecker hat deutlich nachgelassen. Erstaunlich, wie ein wenig Planung alles entspannter macht.

Am Montag ist bei uns traditionell der große Einkaufstag. Einer von uns Erwachsenen schnappt sich die Einkaufstaschen und macht sich auf den Weg, um den Wocheneinkauf zu erledigen. Mit unserer gemeinsamen Einkaufsliste auf den Handys kann jedes Familienmitglied jederzeit überprüfen, was fehlt, oder seine Wünsche hinzufügen. Spontankäufe? Die passieren so nicht mehr so oft. Stattdessen kochen wir das, was wir geplant haben. Ich bin ein großer Fan von Wochenplänen.

Hier sind 10 Tipps für eine gut organisierte Familienküche:

1. Speiseplan austüfteln: Planen Sie am Wochenende gemeinsam die Mahlzeiten für die kommende Woche. So stellen Sie sicher, dass für jeden etwas dabei ist.

2. Einkaufsliste erstellen: Führen Sie eine Einkaufsliste, auf die alle Familienmitglieder zugreifen können, zum Beispiel auf dem Handy.

3. Aufgaben vergeben: Verteilen Sie die Zuständigkeiten für das Einkaufen und Kochen gleichmäßig unter den Familienmitgliedern. Jeder kann sich für bestimmte Tage oder Mahlzeiten verantwortlich fühlen. Montag ist vielleicht Mamas Pasta-Tag, während Papa am Freitag den Grill anwirft.

4. Gemeinsames Kochen: Planen Sie regelmäßige Kochabende, an denen gemeinsam geschnibbelt, gebrutzelt und gelacht wird. Erstellen Sie ein Familienkochbuch, in dem alle Lieblingsrezepte gesammelt werden.

5. Vorratshaltung optimieren: Sorgen Sie dafür, dass die Grundnahrungsmittel immer im Regal stehen – Reis, Nudeln, Tomatensoße und Co. – so können Sie auch spontan etwas Leckeres auftischen, ohne noch zum Supermarkt hetzen zu müssen.

6. Themenabende einführen: Wie wäre es mal mit einem Themenabend? Kochen Sie italienisch oder mexikanisch, oder veranstalten Sie im Winter einen Raclette- oder Fondue-Abend. Das bringt Abwechslung und lässt sich gut im Voraus planen.

7. Reste verwerten: Ein bunter Eintopf, ein Blech mit Ofengemüseresten, eine kreative Pizza oder Pasta sind nur ein paar Ideen, um nichts wegzuwerfen. Die »Zu gut für die Tonne«-App hilft, aus vorhandenen

Zutaten leckere Gerichte zu zaubern. Geben Sie drei Zutaten in ein Suchfeld ein und schon werden die passenden Rezepte angezeigt.

8. Flexible Planung: Lassen Sie Raum für Flexibilität in Ihrer Planung, falls spontane Änderungen oder Essenswünsche auftreten.

9. Ausgaben kontrollieren: Setzen Sie ein wöchentliches oder monatliches Budget für Lebensmittel. So behalten Sie die Ausgaben im Blick und vermeiden Spontankäufe.

10. Gesprächsrunde einführen: Sprechen Sie offen darüber: Was funktioniert gut, wo gibt es Verbesserungsbedarf?

Wäsche als gemeinsame Aufgabe

Neben dem Kochen und Einkaufen, gibt es noch weitere Aufgaben im Haushalt, die viel Zeit erfordern – und oft ein Streitthema sind. Ganz oben steht sicherlich in vielen Familien die Wäsche. Männer, Frauen, ältere Kinder – jeder sollte einmal die Verantwortung für die Wäsche übernehmen: Kleidung waschen, aufhängen oder in den Trockner geben und anschließend sorgfältig zusammenlegen und einräumen. Das ist viel Arbeit, die nicht unbedingt Spaß macht. Nur durch das eigene Tun wird jedem Familienmitglied bewusst, wie viel Mühe und Zeit es erfordert, bis die schmutzige Wäsche wieder ordentlich gefaltet im Kleiderschrank ankommt.

Wenn jeder alles einmal gemacht hat, entsteht eine gemeinsame Basis. »Man fühlt sich besser in den anderen ein und versteht, wie aufwendig und anstrengend vieles ist«, erklärt Carminati. Warum sollten all diese Aufgaben nur auf einer Person lasten?

Viele dieser Dinge funktionieren auch bei uns nicht optimal. Gerade das Wäschewaschen, Aufhängen und Falten ist sehr unbeliebt bei allen, genau wie das Sortieren und Zusammenlegen der Socken.

Putzen, Gartenarbeit, kleine Reparaturen – es gibt so viel zu tun, dass wir wirklich ständig im Gespräch bleiben müssen. Kommunikation ist hier das A und O. Nur so wird die unsichtbare Arbeit sichtbar, und wir können offen über unsere Wünsche sprechen. Was muss jetzt dringend erledigt werden? Was kann warten? Was schaffen wir momentan einfach nicht? Wie binden wir die Kinder mit ein? Was ist mir wichtig, was dir? Diese Fragen zu besprechen, darüber zu diskutieren und gelegentlich auch zu streiten, ist wichtig. Wir müssen lernen, wie wir gute Lösungen finden.

Partnerschaftliche Aufgabenteilung: Schlüssel zum Familienglück?

Eltern sollten sich täglich bewusst machen, wie viel sie leisten, und dies honorieren. Jede Familie muss ihren eigenen Weg und ihre Lösungen finden, damit alle Familienmitglieder glücklich sind. Diese Lösungen können stark variieren, abhängig vom Alter der Kinder, der Berufstätigkeit der Eltern und den Lebensbedingungen.

Der Familienreport 2024, der die gegenwärtige Situation von Familien in Deutschland beleuchtet, bietet Anlass zur Zuversicht. In dem Bericht heißt es, dass Väter immer seltener die alleinigen Ernährer der Familie sind. Bei den Müttern variiere die tatsächliche Arbeitszeit immer noch je nach Alter der Kinder. Und weiter: »Eine kontinuierliche und umfassende Erwerbstätigkeit beider Elternteile stärkt die wirtschaftliche Stabilität von Familien, auch nach einer Trennung. Sie ist der nachhaltigste Schutz vor Armut.«

Eine partnerschaftliche Aufgabenteilung von Anfang an könne den Druck in späteren Familienphasen erheblich mindern, so der Familienreport 2024. Elternpaare, die ihre Aufgaben gleichmäßig verteilen, berichteten deutlich häufiger von einem harmonischen Familienklima, engen Beziehungen zu ihren Kindern und gegenseitiger Unterstützung. Fehlt diese Balance, entsteht oftmals Konfliktpotenzial, das letztendlich auch zur Trennung – und zu finanziellen Schwierigkeiten führen kann.

Verglichen mit 2012 verbringen Mütter heute mehr Zeit mit Erwerbsarbeit, gleichzeitig aber auch mehr Zeit mit der Betreuung ihrer

Kinder. Die ungleiche Verteilung der unbezahlten Sorgearbeit zwischen Männern und Frauen hat sich seit 2012 zwar leicht verringert, bleibt aber weiterhin hoch. »Die sorgenden Männer sind die Helden unserer Zeit«, schreiben Garsoffky und Sembach. »Auch wenn sie das nur in Teilzeit tun oder während ihrer zweimonatigen Elternzeit auf den Malediven.« [34]

Nehmen Sie sich Zeit für die Planung Ihres Familienlebens. Eine gute Organisation ist der Schlüssel zum Erfolg. Und lassen Sie die alten Rollenbilder hinter sich. Nur so gewinnen Sie neue Freiheiten und mehr Zeit für sich – und für Ihre Erwerbsarbeit.

Web-Tipps

Wer Ideen sucht, was er kochen kann, der wird auf dem Blog »Kinder kommt essen« fündig. Die Bloggerin Sarah Oliva kocht für zwei Erwachsene und drei Kinder und liefert dazu ihre Ideen jede Woche aufs Neue von Montag bis Freitag. Jeden Sonntag veröffentlicht sie ihre Wochenpläne, man kann im Archiv auch ältere Pläne und Rezepte nutzen. Diese Wochenplanung, so schreibt sie, helfe ihr enorm, den Alltag mit drei Kindern zu strukturieren, Geld zu sparen, weniger wegzuwerfen und nicht jeden Tag neu überlegen zu müssen, was sie kochen soll.
<www.kinderkommtessen.de>

Kürbis-Linsen-Blech, Zucchini-Sommernudeln, Erdnuss Ramen, Porridge mit Zwetschgen. Auf ihrem Blog teilt Lynn Hoefer ihre Leidenschaft für gesundes und leckeres Essen. Sie bereitet alle Rezepte selbst zu und verwendet natürliche Zutaten. Die Gerichte enthalten kein Fleisch, keine Milchprodukte, kein Gluten und keinen raffinierten Zucker. Stattdessen nutzt sie frische, nährstoffreiche und farbenfrohe Lebensmittel. Hoefer schreibt auch einen Newsletter und verschickt Monatspläne. Für uns ist immer etwas dabei.
<www.heavenlynnhealthy.de>

Strategie 4: Wie Ihre Arbeit Ihre Rente beeinflusst und warum Sie einen guten Job brauchen

Brigitte Braatz, 70 Jahre alt, empfängt mich in ihrer Zwei-Zimmer-Sozialwohnung. Es ist offensichtlich, dass sie selten Besuch bekommt. Ihre monatliche Rente beläuft sich auf 660 Euro – eine Summe, die bei Weitem nicht ausreicht, um die Miete zu bezahlen und den Lebensunterhalt zu bestreiten.

»Eigentlich wollte ich eine Lehre als Schneiderin machen«, erzählt sie. Doch dazu kam es nicht. Mit 16 Jahren begegnete sie ihrer großen Liebe, und mit 17 brachte sie ihre Tochter zur Welt. Doch ihre Ehe scheiterte, und sie ging putzen, um Geld zu verdienen. Sie hatte keine Berufsausbildung, und eine Lehre mit Kind zu machen, war damals ohne Unterstützung kaum möglich. Ihre Tochter war zum Glück sehr pflegeleicht, sodass sie sie nachmittags und abends zu ihren Putzjobs mitnehmen konnte. In dieser Zeit jonglierte sie drei verschiedene Putzstellen, oft ohne offizielle Anstellung, was bedeutete, dass sie keine Beträge in die Rentenkasse einzahlte.

»Ich bin stolz darauf, dass ich es allein mit meiner Tochter geschafft habe«, betont Brigitte Braatz. Vom Vater des Kindes erhielt sie keinerlei Unterstützung.

Sie hat ihr gesamtes Berufsleben als Reinigungskraft gearbeitet, zuerst schwarz, später in einem Minijob. Ihr Glück war, dass sie mit 50 Jahren noch in eine Festanstellung gerutscht ist und dadurch eine kleine Rente erwirtschaften konnte. Doch die Rente reicht ihr nicht zum Leben. Sie ist von Altersarmut betroffen.

Heute kämpft sie mit den typischen Herausforderungen, die viele Alleinerziehende und Geringverdiener im Alter erwarten. Ihre kleine, behindertengerechte Sozialwohnung ist mit gebrauchten Möbeln eingerichtet. Ihre Gesundheit ist stark beeinträchtigt, laufen kann sie nur mit einem Rollator. Selten verlässt sie ihre Wohnung, ein soziales Netzwerk hat sie kaum. Auch der Kontakt zur Tochter ist abgebrochen, was für sie sehr schmerzhaft ist. Es ist keineswegs selbstverständlich, dass sich die eigenen Kinder im Alter um einen kümmern.

Daher ist sie auf die Grundsicherung im Alter angewiesen.

Was ist Grundsicherung im Alter?

Grundsicherung im Alter ist ein Rettungsanker für jene Menschen, deren Rente nicht ausreicht, um ihren Lebensunterhalt zu sichern. Etwa 20 Prozent der Empfänger dieser Unterstützung haben nie eine eigene Rente erworben. Etwa 35 Prozent beziehen ein Alterseinkommen von weniger als 400 Euro.

Wer bekommt Grundsicherung im Alter?

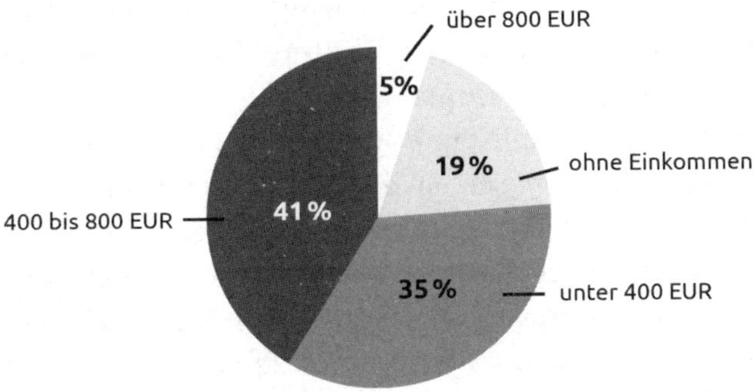

Anteil der Empfängerinnen und Empfänger von Grundsicherung im Alter nach Höhe der angerechneten Einkommen in Prozent (Jahresende 2020).
Quelle: Statistisches Bundesamt.

Wie viel Grundsicherung jemand erhält, hängt von der Rentenhöhe und dem Vermögen ab. Auch das Einkommen des Ehepartners oder der Ehepartnerin spielt eine Rolle. Die Grundsicherung, die vergleichbar mit dem Bürgergeld für Arbeitssuchende ist, deckt den Lebensunterhalt, die Aufwendungen für Unterkunft und Heizung sowie die Beiträge zur Kranken- und Pflegeversicherung ab.

Das Geld kommt nicht automatisch: Grundsicherung ist eine eigene Sozialleistung, die beim örtlichen Sozialamt beantragt werden muss. In der Regel wird die Leistung für ein Jahr bewilligt. Nach Ablauf dieser Frist ist ein neuer Antrag erforderlich. Viele Menschen stellen jedoch aus Scham keinen Antrag. Bevor man diese Sozialleistung erhält, muss man sein Vermögen aufbrauchen. Dazu zählen Bargeld, Wertpapiere, Sparguthaben, Immobilien und das Auto. Ausgenommen sind kleine Bargeldbeträge (5.000 Euro für Alleinstehende, 10.000 Euro für Paare), Riester-Rente, Familien- oder Erbstücke mit hohem ideellem Wert, angemessener Hausrat sowie ein selbst genutztes Hausgrundstück oder eine Wohnung.

Wie Brigitte Braatz könnte im Jahr 2036 fast jede dritte alleinlebende Frau auf staatliche Unterstützung angewiesen sein. Das prognostiziert das Deutsche Institut für Wirtschaftsforschung.[35] Damit Frauen nicht in diese Situation kommen, müssen Politik und Gesellschaft viel tun. Auch die Frauen müssen etwas tun: nämlich sich darüber informieren, was gute Arbeit ist und was nicht.

Brigitte Braatz kämpft tapfer darum, ihr Leben trotz ihrer niedrigen Rente zu meistern. Seit einigen Jahren hat sie eine gesetzliche Betreuerin, die ihr bei allen bürokratischen Dingen hilft. Sie machte sie auf weitere Hilfsmöglichkeiten aufmerksam: Die 70-Jährige erhält nun auch finanzielle Unterstützung vom Verein Lichtblick Seniorenhilfe aus München, der deutschlandweit 27.000 Rentnerinnen und Rentnern hilft, von denen rund 80 Prozent Frauen sind.

Warum wir gute Arbeit brauchen

Monatelang feierte ein Artikel in der Online-Ausgabe der Tageszeitung Main-Post große Erfolge. Der Titel lautete: »Wie hoch ist die Rente einer Hausfrau?«[36]
Er wurde unzählige Male aufgerufen.

Doch der Inhalt enttäuschte viele Leserinnen. Wer sein Leben lang nur Hausfrau war, hat keinen Anspruch auf eine eigene Rente.

Eine gut bezahlte Arbeit ist und bleibt die wichtigste Stellschraube für eine sorgenfreie Rente. Um im Alter finanziell abgesichert zu sein, brauchen Frauen fair bezahlte und sozialversicherungspflichtige Arbeitsplätze. Doch was, wenn man keine gute Arbeit hat? Deutschland belegt schließlich den Spitzenplatz in Europa hinsichtlich der Anzahl an Minijobbern, und davon sind 60 Prozent weiblich. Diese Jobs bieten häufig nicht die Sicherheit und die Vorteile, die mit einer Vollzeitbeschäftigung einhergehen. Viele Frauen arbeiten in Minijobs, Teilzeit oder gehen einer selbstständigen Tätigkeit nach. Aber auch dann ist vieles möglich.

Im Folgenden zeige ich Ihnen, worauf Sie achten sollten.

Minijobs in Deutschland: Sackgasse für viele Frauen?

Mehr als die Hälfte der deutschen Unternehmen beschäftigt Minijobber. Im Juni 2024 meldete die Bundesagentur für Arbeit fast 7,67 Millionen Menschen, die ausschließlich geringfügig beschäftigt waren. Bemerkenswert ist, dass Frauen dabei etwa 60 Prozent ausmachen.

Für etwa 3,4 Millionen Personen diente der Minijob als zusätzliche Einkommensquelle neben ihrer Hauptbeschäftigung. Noch im Jahr 2022 lag die Zahl der Minijobber bei 7,4 Millionen. Im Jahr 2025 beträgt die Verdienstgrenze für Minijobber monatlich 556 Euro oder maximal 70 Arbeitstage im Jahr.

Der besondere Reiz eines Minijobs liegt für Arbeitnehmer in seiner Befreiung von Sozialabgaben. Lediglich der Arbeitgeber zahlt einen geringen Beitrag zur Sozialversicherung. Minijobber unterliegen der gesetzlich festgelegte Verdienstuntergrenze, die als Mindestlohn bekannt ist. Da der Mindestlohn kontinuierlich steigt, verschiebt sich im Laufe der Zeit auch die Verdienstgrenze für geringfügige Beschäftigungen.

Minijobs wirken zunächst attraktiv für Paare, die nicht beide Vollzeit arbeiten möchten oder können.

84 ***Prozent der im Minijob tätigen Frauen sind verheiratet.***
10 ***Prozent sind ledig.***[37]

Das alles klingt vielversprechend, doch die Corona-Krise hat die Schwachstellen gnadenlos offengelegt: Hunderttausende verloren ihre Minijobs, besonders in den hart getroffenen Branchen wie Gastronomie und Handel. Diese Menschen standen plötzlich ohne eine Absicherung durch Kurzarbeit da und hatten keinen Anspruch auf Arbeitslosengeld. »Geringe Stabilität und mangelnde soziale Sicherheit sind keine Schönheitsfehler, sondern integraler Bestandteil des Konzepts Minijob«, sagte Eric Seils vom Wirtschafts- und Sozialwissenschaftlichen Institut der Hans-Böckler-Stiftung.[38]

Die meisten Minijobberinnen arbeiten nicht dauerhaft in diesen Jobs, erklärt Barbara Brückner, Beauftragte für Chancengleichheit auf dem Arbeitsmarkt bei der Agentur für Arbeit in Würzburg. Viele Frauen sehen darin eine Möglichkeit, zum Familieneinkommen beizutragen, während sie gleichzeitig den Großteil der Care-Arbeit, wie Haushalt und Kinderbetreuung, übernehmen. »Die Gefahr ist der Klebeeffekt«, sagt Barbara Brückner im Gespräch. Das heißt, der Minijob ist dann keine vorübergehende Lösung oder ein Sprungbrett in eine Festanstellung, sondern die Frau verharrt dauerhaft im geringfügigen Beschäftigungsverhältnis. Das Ehegattensplitting sowie die beitragsfreie Mitversicherung in der Krankenversicherung des Ehepartners verstärken den Klebeeffekt noch.

Die Folge? Eine geringfügige Beschäftigung dient in der Regel nicht als Brücke zu einem regulären Job. Gut drei Viertel der ausschließlich geringfügig beschäftigten Frauen verweilen länger als zwei Jahre in dieser Beschäftigungsform. Bei knapp einem Drittel sind es sogar mehr als neun Jahre. Neun Jahre, in denen sie kaum oder gar nicht in die Rentenversicherung einzahlen.[39]

Bei einem Verdienst von 556 Euro im Monat, erhöht sich die Rente nach einem Jahr im Minijob um etwa 5 Euro. Die Auswirkungen auf die spätere Rente bleiben also gering. Würde eine Frau 45 Jahre lang nur einen Minijob ausüben, hätte sie eine Rente von etwa 225 Euro. Zum Vergleich: Bei Menschen mit einem Durchschnittsverdienst fließen jeden Monat zwischen 500 und 700 Euro in die Rentenkasse. Im Jahr 2023 betrug der durchschnittliche monatliche Bruttoverdienst je Arbeitnehmer in Deutschland 3667 Euro. Das ermittelte das Statistische Bundesamt. Dagegen sind 556 Euro sehr wenig Geld.

Diese Rahmenbedingungen und ein oft noch traditionelles Rollenverständnis führen dazu, dass die Mehrheit der geringfügig entlohnten Beschäftigten im erwerbsfähigen Alter Frauen sind. Das Problem ist also auch der Politik bekannt. Doch ändern wird sich daran nichts. Das können nur die Frauen selbst ändern.

Minijobs: Gewinn heute, Verlust im Alter

Seit 2013 können Minijobber wählen, ob sie in die Rentenkasse einzahlen wollen. Viele Frauen nutzen dieses Angebot jedoch nicht. Sie lassen sich von dieser Pflicht befreien. Zunächst bringt das mehr Geld, aber im Alter stehen diese Frauen ohne Rentenansprüche da. Daher fordert das Deutsche Institut für Wirtschaftsforschung eine Abschaffung der Minijobs für Personen im Haupterwerbsalter. Nur Schülerinnen und Schüler, Studierende sowie Rentnerinnen und Rentner könnten weiterhin Minijobs ausüben. Frauen, oft gut ausgebildet, fehlen mittlerweile als Fachkräfte auf dem Arbeitsmarkt. Angesichts des wachsenden Arbeitskräftemangels erscheint es ineffizient, geringfügige Beschäftigungen wie Minijobs zu subventionieren.[40]

Zahlen Sie in die gesetzliche Rentenversicherung ein, nur so sichern Sie sich den Zugang zu sämtlichen Leistungen, die das System bietet. Eine Studie vom Institut für Arbeitsmarkt- und Berufsforschung zeigt, dass Minijobs selten zu festen Jobs führen. Besonders in kleinen Betrieben haben Minijobs circa 500.000 sozialversicherungspflichtige Arbeitsplätze verdrängt. Dabei sollte die Politik eigentlich das Gegenteil anstreben: Minijobs in reguläre, sozialversicherungspflichtige Jobs umwandeln, wann immer es geht.

Minijobs haben auch einige Vorteile:

- Sie sind gut zur Überbrückung, als Nebenjob oder als Wiedereinstieg in den Arbeitsmarkt.
- Sie sind auf Antrag für die Beschäftigten sozialversicherungsfrei. Nur der Arbeitgeber zahlt einen geringen Beitrag zur Sozialversicherung.
- Minijobberinnen erhalten mindestens Mindestlohn.
- Für Minijobberinnen gelten die gleichen Arbeitsrechte wie für Vollzeitbeschäftigte, das regelt das Teilzeit- und Befristungsgesetz.
- Auch Minijobber haben während ihrer geringfügigen Beschäftigung Anspruch auf Urlaub. Die Anzahl der Urlaubstage pro Jahr hängt dabei von der Anzahl an Tagen ab, die Sie pro Woche arbeiten.
- Minijobber sind gesetzlich rentenversichert, können sich hiervon allerdings befreien lassen. In der Krankenversicherung bleiben sie über ihren bisherigen Status weiterversichert.
- Rehamaßnahmen der Rentenversicherung werden nur übernommen, sofern keine Befreiung von der RV-Pflicht erfolgt ist.
- Bietet der Arbeitgeber eine betriebliche Altersvorsorge an, steht diese auch Minijobbern zu.
- Während einer Rehamaßnahme können Sie Übergangsgeld beantragen.
- Auch staatliche Förderungen für die private Altersvorsorge, wie die Riester-Rente können Sie nutzen.
- Ihr Eigenbeitrag zur gesetzlichen Rentenversicherung sichert Sie gegen eine Erwerbsminderung ab, sodass Sie eine Erwerbsminderungsrente erhalten können.

Doch Minijobs haben auch Nachteile:

- Minijobber haben weniger Arbeitsplatzsicherheit, und sie werden in Unternehmen oft als erstes gekündigt.
- Minijobs bieten keine umfassende Sozialversicherung. Arbeitnehmer sind in der Regel nur unfallversichert, während Renten- und Krankenversicherung nicht oder nur minimal abgedeckt sind.
- Minijobberinnen sind nicht in der Arbeitslosenversicherung versichert.
- Minijobberinnen sind in der gesetzlichen Krankenversicherung meist nicht mit Anspruch auf Krankengeld versichert. Sie können zwar unbezahlte Freistellung von der Arbeit beanspruchen, erhalten jedoch kein Kinderkrankengeld.
- Das Einkommen aus einem Minijob ist aufgrund der Begrenzung des Verdienstes relativ niedrig, was zu finanziellen Unsicherheiten führen kann.
- In einem Minijob erwerben Sie nur wenige Rentenpunkte, besonders, wenn Sie sich von der Rentenversicherungspflicht befreien lassen.

Was ist der Unterschied zwischen Mini- und Midijobs?

Ein Midijob liegt vor, wenn jemand nicht nur kurzfristig arbeitet und monatlich zwischen 556 und 2.000 Euro verdient. Einfach gesagt beginnt der Midijob dort, wo der Minijob aufhört. Aktuelle Schätzungen gehen davon aus, dass bis zu 3,5 Millionen Beschäftigte in Deutschland als Midijobber im Niedriglohnsektor arbeiten. Wer länger als drei Monate in diesem Bereich arbeitet, muss Sozialversicherungsbeiträge zahlen. Das heißt, sowohl Arbeitnehmer als auch Arbeitgeber zahlen in die Kranken-, Pflege-, Renten- und Arbeitslosenversicherung ein.

Das unterscheidet Midijobs deutlich von Minijobs.

Ein Midijobber zahlt weniger in die Sozialversicherung ein, erwirbt aber trotzdem die vollen Rentenansprüche, beispielsweise auch für eine Erwerbsminderungsrente. Midijobber erhalten Leistungen aus der Arbeitslosenversicherung – wenn sie den Midijob für mindestens 12 Monate am Stück ausgeübt haben.

Zusammengefasst sind Minijobs keine ideale Arbeit. Sie eignen sich gut als Nebenverdienst für Schülerinnen und Schüler, Studierende oder Rentnerinnen und Rentner, sollten jedoch nicht der Hauptberuf sein. Streben Sie stattdessen eine Vollzeitstelle an oder verwandeln Sie Ihren Midijob in eine Teilzeitstelle. Nur so bauen Sie eine angemessene Altersvorsorge auf.

To-do-Liste für Minijobberinnen

☐ Achten Sie darauf, dass Sie und Ihr Arbeitgeber Beiträge in die gesetzliche Rentenkasse einzahlen.

☐ Überprüfen Sie in jedem Arbeitsverhältnis, dass die maximal möglichen Rentenbeiträge für Sie gezahlt werden.

☐ Minijobber, die den Eigenbeitrag zahlen, können dadurch im Notfall Anspruch auf eine Erwerbsminderungsrente erhalten.

☐ Klären Sie im Vorfeld, wie Überstunden vergütet werden. Vermeiden Sie unbezahlte Mehrarbeit. Das ist nicht einfach, aber bleiben Sie hart.

☐ Als Minijobberin sind Sie nicht automatisch kranken- und pflegeversichert. Erkundigen Sie sich über die besten Möglichkeiten für Sie in Ihrer Situation.

☐ Informieren Sie sich über Ihren Urlaubsanspruch und stellen Sie sicher, dass dieser eingehalten wird.

☐ Sprechen Sie mit Ihrem Vorgesetzten, ob Ihr Job nicht in einen Midijob oder ein normales Angestelltenverhältnis umgewandelt werden kann. Mehr als »nein« kann er nicht sagen. Und falls er es tut, fragen Sie in einem halben Jahr noch einmal nach.

☐ Aufgrund des aktuellen Fachkräftemangels gibt es derzeit viele freie Stellen. Trauen Sie sich, sich auf eine andere Stelle zu bewerben, bei der Sie mehr verdienen und besser abgesichert sind.

☐ Minijobs sind in Krisenzeiten weniger sicher, da sie nicht durch Kurzarbeit abgesichert sind und kein Arbeitslosengeldanspruch besteht.

☐ Nutzen Sie Weiterbildungsangebote, um Ihre Qualifikationen zu erweitern und Ihre Chancen auf dem Arbeitsmarkt zu verbessern. Viele Arbeitgeber unterstützen Weiterbildungsmöglichkeiten.

☐ Holen Sie sich Unterstützung. Bei der Agentur für Arbeit gibt es eine Berufsberatung für Erwerbstätige, Angebote für eine Umschulung und Seminare für den Wiedereinstieg.

Web-Tipp

Die Homepage der Minijob-Zentrale informiert über Mini- und Midijobs. Sie fungiert deutschlandweit als Einzugs- und Meldestelle für alle geringfügigen Beschäftigungen. Sie klärt über Verdienst, Arbeitszeiten, Abgaben, Steuern, Urlaub und die Anmeldung im Minijob auf. Zudem behandelt sie verschiedene Lebenssituationen der Minijobber wie mehrere Minijobs, Mutterschaft, Rente, Schule, Ausbildung oder Studium.
Hinweise auf mögliche Nachteile der Minijobs fehlen jedoch.
<www.minjob-zentrale.de>

Voll- oder Teilzeit: Wie arbeiten wir in Zukunft?

»Für uns ist es anders nicht möglich. Einer von uns muss Vollzeit arbeiten«, lautet die oft gehörte Erklärung, wenn man Paare fragt, warum sie die Elternzeit – und vor allem die Zeit danach – nicht gleichberechtigt und partnerschaftlich aufteilen. Das finanzielle Argument dient als Rechtfertigung für das traditionelle Ernährer-Hausfrau-Modell. Der Mann verdient mehr, also bleibt die Frau länger zu Hause oder arbeitet in Teilzeit. Langfristig wird es für diese Mütter jedoch immer schwieriger, ihre eigene Existenz abzusichern. Zudem werden so Aufstiegschancen blockiert und das Machtverhältnis in der Partnerschaft verschiebt sich. Das kann zu Konflikten führen, bis hin zur Trennung des Paares.

Dabei zeigen Studien, dass Paare, die sich die Elternzeit partnerschaftlich aufteilen, also beide gleich viel oder wenig arbeiten, finanziell am besten fahren. Trotzdem entscheiden sich immer noch viele für das Ernährer-Hausfrau-Modell, obwohl es Frauen häufig in Schwierigkeiten bringt.[41] Fast die Hälfte aller Frauen im Alter von 35 bis 65 Jahren (48 Prozent) arbeitet in Teilzeit, was ihre tatsächliche Erwerbsstundenzahl erheblich reduziert. Dabei sind viele dieser Frauen hoch qualifiziert und würden gerne mehr arbeiten – wenn die Rahmenbedingungen es zuließen, es eine gute und verlässliche Kinderbetreuung gäbe. Laut einer repräsentativen Umfrage des Stellenportals Stepstone würden 65 Prozent der Mütter mit Kindern unter 10 Jahren lieber Voll- als Teilzeit arbeiten.

Teilzeit und Rente: Ein Drahtseilakt für Mütter

In Deutschland gibt es zahlreiche Teilzeitmodelle. Beim klassischen Modell arbeiten Sie weiterhin an fünf Tagen in der Woche, reduzieren jedoch Ihre tägliche Arbeitszeit. In der Medienbranche war dieses Modell lange Zeit nicht umsetzbar. Mein Arbeitgeber bevorzugte damals ausschließlich volle Arbeitstage. Als meine Kinder klein waren, arbeitete ich daher zunächst zwei volle Tage pro Woche, später drei und schließlich vier Tage. An meinen Arbeitstagen musste mein Mann die Betreuung der Kinder übernehmen. Heute arbeite ich 32 Stunden auf 5 Tage verteilt.

Das beste Modell ist die sogenannte Brückenteilzeit. Sie bietet den Vorteil, dass man einen Anspruch auf eine Rückkehr in Vollzeit hat. Gehen Sie unbefristet in Teilzeit, haben Sie später keinen Anspruch auf eine Rückkehr in Vollzeit.

78 ***Prozent aller Teilzeitbeschäftigten in Deutschland sind Frauen.***[42]

Es ist nicht die Elternzeit allein, die die Rente schmälert. Vielmehr ist es die lange Zeit danach, wenn die Mütter aus der Teilzeit nicht mehr herauskommen. Arbeitet nur die Frau Teilzeit, schmälert das nur ihre spätere Rente, nicht die des Vaters. Das ist ungerecht. Denn wer weniger verdient, zahlt auch weniger in die Rentenkasse ein und hat im Alter weniger Geld zur Verfügung. Für Männer ist die Vollzeiterwerbstätigkeit immer noch die Regel, egal ob sie alleinstehend, verheiratet oder geschieden sind.

Frauen müssen besser aufgeklärt werden, in der Schule, bei der Berufsberatung, bei der Agentur für Arbeit und bei der Deutschen Rentenversicherung. Es wäre fair, wenn beide Partner die Elternzeit und später auch die Arbeitszeit teilen und sich gemeinsam um Haushalt und Kinder kümmern. Das hätte für alle nur Vorteile.

Frauen in Teilzeit verdienen weniger als Frauen in Vollzeit, aber nicht nur das. Das Deutsche Institut für Wirtschaftsforschung (DIW) macht deutlich, dass Teilzeitbeschäftigte bei identischer Tätigkeit über 17 Prozent weniger verdienen. Dies bedeutet konkret: Frauen in Teilzeit erhalten einen Stundenlohn von 15,87 Euro brutto, während Frauen in Vollzeit 19,12 Euro verdienen. Im Vergleich dazu verdienen Männer 23,20 Euro brutto pro Stunde. Somit ergibt sich ein Lohnunterschied von 7,33 Euro pro Stunde für Frauen in Teilzeit im Vergleich zu Männern.[43]

Teilzeitkräfte sind auch betroffen, wenn das Unternehmen Kurzarbeit anmelden muss. Das könnte Ihren finanziellen Spielraum schmälern. Arbeiten Sie zum Beispiel 30 anstatt 40 Wochenstunden, könnten daraus bei einer Kurzarbeit schnell nur noch 25 Stunden werden. In der Corona-Zeit ist das vielen Mitarbeiterinnen widerfahren. Würde Ihnen Ihr Lohn dann noch zum Leben reichen?

Logischerweise bekommt man bei Teilzeit auch weniger Elterngeld und weniger Arbeitslosengeld.

Die größten Auswirkungen hat ein Wechsel von Vollzeit zu Teilzeit auf die Rente. Sammeln Sie in Vollzeit zum Beispiel jedes Jahr einen Rentenpunkt und reduzieren Sie nun Ihre Arbeitszeit auf 50 Prozent, erzielen Sie nur noch 0,5 Rentenpunkte. Mit jedem nicht gesammelten Rentenpunkt verringert sich Ihre spätere Rente.

Einmal Teilzeit, immer Teilzeit?

Viele Frauen erhöhen ihre Arbeitsstunden nicht oder nur minimal, selbst wenn ihre Kinder und sie selbst älter werden. Dies führt im Laufe ihres Lebens zu wachsender Unterbeschäftigung. Ein Grund ist, dass auch ältere Kinder Betreuung benötigen oder krank werden können. Zudem mangelt es nach wie vor an flächendeckenden Ganztagsschulen. Der Haushalt erledigt sich nicht von allein, und oft folgt auf die Kinderbetreuung die Pflege der eigenen Eltern. All diese Faktoren erschweren es Frauen, ihre Arbeitszeit zu erhöhen.

Es ist völlig legitim, eine Zeit lang Teilzeit zu arbeiten. Oft gibt es keine andere Möglichkeit. Die Situation der Kinderbetreuung in Deutschland ist alles andere als ideal. Doch seien Sie sich der Nachteile bewusst, die eine Teilzeitbeschäftigung mit sich bringt. Versuchen Sie, Ihre Arbeitsstunden schrittweise aufzustocken. Dies bedeutet nicht nur ein höheres Einkommen, sondern auch größere Unabhängigkeit und ist ein Schritt in Richtung finanzielle Absicherung. Ein schlecht bezahlter Teilzeitjob kann zudem negative Auswirkungen auf das Selbstbewusstsein haben.

Wählen Sie die richtige Steuerklasse!

Nicht nur die Wahl des passenden Arbeitsmodells ist für Frauen von großer Bedeutung. In welcher Steuerklasse sind Sie? Frauen subventionieren ihre Ehemänner, wenn sie sich für Steuerklasse V entscheiden, da diese überproportional hoch besteuert wird. Im Gegensatz dazu profitieren Männer in Steuerklasse III von höheren Freibeträgen und einer spürbaren Entlastung. Wieder so eine Ungerechtigkeit. Diese Kombination ist nicht partnerschaftlich! Die fairste Option ist die Wahl der Steuerklassen IV/IV mit Faktor.

89 ***Prozent der Menschen in Steuerklasse V sind verheiratete Frauen.***

79 ***Prozent der Menschen in Steuerklasse III sind verheiratete Männer.***

Quelle: Bundell/Hissel, »Feministiken«

Das Ehegattensplitting trägt maßgeblich dazu bei, dass Frauen in Minijobs gedrängt werden, aus denen nach einer Scheidung der Weg zurück nur schwer möglich ist. »Der Staat unterstützt nicht die eigenständige Existenzsicherung von Frauen. Im Gegenteil, durch die Beibehaltung der Steuerklassen III und V rentiert sich eine Stundenaufstockung vermeintlich nicht«, erläutert auch Bettina Messinger, Landesfrauensekretärin des ver.di-Landesfrauenrats Bayern.

Die Zahlen zeichnen ein klares Bild: 89 Prozent der Menschen in Steuerklasse V sind verheiratete Frauen. Oft ist ihnen gar nicht bewusst, auf was sie sich eingelassen haben. In der Folge bedeutet Steuerklasse V auch: weniger Elterngeld, weniger Arbeitslosengeld, weniger Kurzarbeitergeld und weniger Krankengeld.

Das Ehegattensplitting, das häufig den besserverdienenden Partner, meist den Mann, steuerlich begünstigt und den schlechter verdienenden Partner, meist die Frau, benachteiligt, wurde 1958 eingeführt. Während die meisten anderen europäischen Länder in den 1970er- und 1980er-Jahren auf eine Individualbesteuerung umstellten, besteht dieses Modell in Deutschland immer noch. Es wird oft als »Hausfrauen-Subventionierung« oder »Hausfrauen-Rabatt« bezeichnet und erfreut sich hierzulande nach wie vor großer Beliebtheit. »Ist es nicht bemerkenswert, dass eine Steuererleichterung in einer Industrienation dazu beiträgt, dass viele Frauen entweder gar nicht oder nur eingeschränkt berufstätig sind, obwohl ihre Erwerbstätigkeit der Wirtschaft zuträglich wäre?«, fragt die Autorin Anne Theiss.[44]

To-do-Liste für Teilzeitarbeitende

☐ Als Vollzeit-Arbeitnehmerin können Sie Ihre Arbeitszeit auch nur für einen festgelegten Zeitraum reduzieren. Dieser muss mindestens ein Jahr und darf höchstens fünf Jahre betragen. Wichtig ist, dass Sie Ihren Anspruch auf Vollzeit nach der Rückkehr sichern. Bestehen Sie auf der sogenannten Brückenteilzeit.

☐ Ein Anspruch besteht, wenn das Arbeitsverhältnis vor der Antragstellung länger als sechs Monate bestand und der Arbeitgeber mehr als 45 Arbeitnehmer beschäftigt. Dabei zählen Auszubildende und Personen in Berufsbildung nicht mit.

☐ Bedenken Sie, dass eine Teilzeitarbeit zu einer geringeren Rente führt. Überlegen Sie, ob Sie mehr arbeiten können.

☐ Sind Sie für die Familie in Teilzeit, dann sprechen Sie mit Ihrem Partner über einen finanziellen Ausgleich. Er könnte zum Beispiel einen bestimmten Betrag in einen ETF-Sparplan investieren, der auf Ihren Namen läuft.

☐ Investieren Sie in Ihre berufliche Weiterbildung durch Kurse, Workshops und Zertifizierungen. Eine höhere Qualifikation kann zu einem besseren Gehalt oder einer Beförderung führen.

☐ In welcher Steuerklasse sind Sie? Wäre ein Wechsel für Sie nützlich? Sprechen Sie mit Ihrem Partner.

☐ Wenn Sie Teilzeit arbeiten, ist es wichtig, im Büro präsent zu sein. Gehen Sie mit den Kollegen Mittagessen und bauen Sie sich ein Netzwerk auf. Das ist so wichtig. Werden Sie nicht unsichtbar!

Web-Tipps

Warum ist Teilzeitarbeit ein weibliches Phänomen? Wie wirkt sich Teilzeitarbeit auf die Karriere aus? Würden Teilzeitbeschäftigte lieber mehr Stunden arbeiten? Das Deutsche Institut für Wirtschaftsforschung (DIW) untersucht diese Fragen in zahlreichen Beiträgen auf seiner Webseite. Als größtes Wirtschaftsforschungsinstitut in Deutschland forscht das DIW zu gesellschaftlich relevanten Themen und ist Teil der Leibniz-Gemeinschaft.
<www.diw.de>

Das Bundesfamilienministerium hat einen Wiedereinstiegsrechner entwickelt. Frauen können damit nach einer familien- oder pflegebedingten Auszeit ihren Nettolohn und ihre Rentenansprüche berechnen. Der Rechner schätzt zunächst den Bruttolohn im Vergleich zu Frauen und Männern mit ähnlichen beruflichen Erfahrungen. Anschließend berechnet er den Nettolohn und die Rentenansprüche, die durch die Rückkehr in den Beruf entstehen.
<www.wiedereinstiegsrechner.de>

Altersarmut bei Selbstständigen: Ein unterschätztes Risiko

Für eine Reportage traf ich Emilia Engelhardt. Für sie wurde das Einkaufen immer mehr zur finanziellen Belastung. Die Corona-Pandemie war nur der Anfang, dann der Krieg in der Ukraine, die hohe Inflation und schließlich die Energiekrise. Jeder Besuch an der Supermarktkasse schmerzte die 65-jährige Rentnerin. »Vor allem frische Lebensmittel wie Obst, Gemüse oder Fleisch sind so teuer geworden. Ich kann mir das fast nicht mehr leisten«, klagte sie im Gespräch. Früher führten Emilia Engelhardt und ihr Mann ein erfolgreiches Textilgeschäft. »Wir hatten mehrere eigene Läden«, erinnert sie sich. Doch anstatt in die gesetzliche Rentenkasse einzuzahlen, entschied sich das Paar dafür, privat für den Ruhestand vorzusorgen. Ein Plan, der schiefging, als der Mann plötzlich starb und die Geschäfte ins Wanken gerieten. In ihrer Verzweiflung löste Emilia Engelhardt zunächst ihre private Altersvorsorge auf. Doch das reichte nicht aus, schließlich musste sie Insolvenz anmelden. »Es war ein großer Fehler, nicht in die Rentenversicherung einzuzahlen«, denkt sie heute.

Nach der Auflösung ihrer Geschäfte fand Emilia Engelhardt keine Arbeit mehr. Heute lebt sie von Grundsicherung im Alter.

Selbstständige sind von Armut im Alter wesentlich stärker betroffen als alle anderen Erwerbstätigen. Sie müssen ihre Altersvorsorge komplett selbst organisieren und finanzieren. Das ist eine große Aufgabe, mit der viele überfordert sind.

60- bis 80-Stunden-Wochen, viele Investitionen und kaum Rücklagen – besonders Selbstständige denken oft nicht an die Altersvorsorge. Wer ein Unternehmen gründet, hat meist andere Prioritäten als die Rente. Zunächst gilt es, den Betrieb zum Laufen zu bringen und die Umsätze zu steigern. Doch Selbstständige sollten das Thema Altersvorsorge nicht zu lange aufschieben.

Bereits 2010 brachte Ursula von der Leyen, damals Sozialministerin, eine Pflichtversicherung für Selbstständige auf den Tisch – und scheiterte damit. Seitdem wird dieses Thema in jeder Legislaturperiode diskutiert. Die Regierungsparteien der Ampel hatten im Koalitionsvertrag festgelegt, dass jeder, der sich künftig für die Selbstständigkeit entscheidet und keinem obligatorischen Alterssicherungssystem angehört, zur Altersvorsorge verpflichtet wird.

Ob oder wann ein solches Gesetz in Kraft tritt, bleibt jedoch ungewiss. Die Altersvorsorge aufzuschieben, ist allerdings keine gute Idee.

Welche Vorsorgestrategien gibt es für Selbstständige?

In Deutschland gibt es knapp 4 Millionen Selbstständige.[45] Die meisten von ihnen sind nicht in der gesetzlichen Rentenversicherung oder einem Versorgungswerk pflichtversichert. Im Jahr 2022 zählte die gesetzliche Rentenversicherung etwa 368.000 pflichtversicherte Selbstständige. Künstler und Publizisten bildeten mit 195.000 Versicherten die größte Berufsgruppe, gefolgt von Handwerkern mit etwa 68.000 Pflichtversicherten. Etwa 21.000 Personen haben sich freiwillig für eine Versicherungspflicht entschieden.

Pflichtversichert oder freiwillig versichert: Wo liegt der Unterschied? Die freiwillige Versicherung ermöglicht es Versicherten, selbst zu entscheiden, wie viel und wie lange sie Rentenbeiträge einzahlen. Diese Flexibilität erlaubt es, die finanzielle Vorsorge an die Lebensumstände anzupassen. Bei der Pflichtversicherung beginnt die Versicherungspflicht unmittelbar nach der Antragstellung und ist unwiderruflich. Diese Verpflichtung endet erst, wenn die selbstständige Tätigkeit aufgegeben wird.

Warum ist Altersvorsorge bei Selbstständigen oft ein Problem?

Selbstständige entscheiden selbst, ob und wie sie für ihren Ruhestand vorsorgen. Diese Freiheit bringt jedoch Verantwortung mit sich, und nicht selten fehlt es im Alter an finanziellen Mitteln. Das Bundesarbeitsministerium kennt diese Problematik. Ein Sprecher des Ministeriums erklärt: »Die meisten Selbstständigen sind nicht verpflichtet, für das Alter vorzusorgen. Daher sind Selbstständige im Alter überproportional häufig auf Leistungen der Grundsicherung angewiesen.«

Besonders Solo-Selbstständige mit niedrigen Einkommen stehen im Alter häufig ohne finanzielle Mittel da.

Selbstständige Frauen sind besonders gefährdet, in die Altersarmut zu rutschen. Sie sind oft chronisch unterbezahlt. Wer kann das ändern? Sie selbst! Denn als Selbstständige haben Sie die Macht, die Preise für Ihre Dienstleistungen und Produkte festzulegen, rät die Finanzexpertin Dani Parthum.[46] Während es bei Angestellten immer noch einen Gender Pay Gap gibt, existiert auch bei den Preisen von Selbstständigen eine Lücke zwischen Frauen und Männern.

Welche Möglichkeiten der Altersvorsorge gibt es für Selbstständige?

Einige Selbstständige sind in der gesetzlichen Rentenversicherung pflichtversichert, wie zum Beispiel Lehrer, Erzieherinnen, Tagesmütter oder Trainer im Sport und einige mehr. Unabhängig von der gesetzlichen Rentenversicherung gibt es dazu in einigen Berufen sogenannte berufsständische Versorgungswerke. Meist ist eine Versicherung für Selbstständige dort nicht freiwillig, sondern verpflichtend.

Abgesichert über ein Versorgungswerk: Wie funktioniert das?

Die berufsständische Versorgung bildet eine gesetzlich verankerte Altersvorsorge für ausgewählte freie Berufe. Die Mitglieder zahlen einkommensabhängige Beiträge ein, diese sichern Leistungen, die denen der gesetzlichen Rentenversicherung ähneln.

Im Gegensatz zur gesetzlichen Rentenversicherung, die auf dem Umlageverfahren basiert, bei dem aktuell berufstätige Menschen die heutigen Rentner finanzieren, verfolgen die Versorgungswerke einen anderen Ansatz. Ihre Finanzierung ähnelt vielmehr einer privaten Altersvorsorge. Dabei ist es von zentraler Bedeutung, dass die eingezahlten Beiträge und die ausgezahlten Leistungen nicht auf individueller Ebene, sondern innerhalb der gesamten Versicherungsgemeinschaft ausgeglichen werden.[47] Jedes Versorgungswerk hat die Freiheit, gemäß seiner Satzung über die Höhe der zu zahlenden Beiträge zu entscheiden.

Vorteile: Als Mitglied eines berufsständischen Versorgungswerks entfällt die Eigenverantwortung für Ihre Altersvorsorge. Stattdessen zahlen Sie monatlich einen festen Betrag ein, der für Sie gewinnbringend angelegt wird. Sie müssen für diese Leistung keine Vermittlerprovisionen oder sonstige Gebühren bezahlen.

So bauen Sie einen soliden Kapitalstock auf.

Nachteile: Die Beiträge sind oft starr und relativ hoch. Sie können auf Ihr Geld in der Regel erst mit Beginn der Rente zugreifen.

Sind Sie nicht in der gesetzlichen Rentenversicherung oder einem berufsständischen Versorgungswerk pflichtversichert, stehen Ihnen vier Wege offen, um für das Alter vorzusorgen:

Freiwillig gesetzlich versichern: Sie haben die Möglichkeit, Ihre Beiträge flexibel anzupassen und die Zahlungen jederzeit zu unterbrechen oder zu beenden.

Auf Antrag pflichtversichern lassen in der gesetzlichen Rentenversicherung: Selbständige können innerhalb der ersten fünf Jahre nach Beginn ihrer Tätigkeit einen Antrag auf Versicherungspflicht bei der Rentenversicherung stellen. Sie haben Sie Wahl zwischen einem festen Regelbeitrag oder einem einkommensabhängigen Beitrag. Dadurch genießen sie die gleichen Vor- und Nachteile wie Angestellte.

Rürup-Rente (Basisrente): Diese Altersvorsorge ist staatlich gefördert und daher besonders für Selbstständige interessant. (Mehr dazu in Strategie 8)

Private Altersvorsorge: Hier können Sie aus einer Vielzahl von Angeboten wählen, um für das Alter vorzusorgen. Man unterscheidet zwischen staatlich geförderter Altersvorsorge, wie zum Beispiel der Riester-Rente oder nicht geförderter Vorsorge, wie einem ETF-Sparplan.

→ **Mehr dazu:** Strategie 9

Im Folgenden werde ich die Optionen näher beleuchten.

Freiwillig Versicherte können ihre Beiträge innerhalb festgelegter Grenzen selbst bestimmen. Sie wählen zwischen monatlichen Zahlungen oder einem Jahresbeitrag. Derzeit liegen die freiwilligen Beiträge zwischen 103,42 Euro und 1.497,30 Euro pro Monat (Stand 2025). Die Höhe der Einzahlungen beeinflusst die späteren Rentenzahlungen. Die freiwillige Versicherung bietet Flexibilität: Versicherte können die Zahlungen jederzeit unterbrechen oder ganz einstellen.

Wer den Mindestbeitrag von 103,42 Euro über zwölf Monate einzahlt, erhöht seine monatliche Rente um etwa 5,60 Euro pro Jahr. Bei der Einzahlung des Höchstbetrages über zwölf Monate ergibt sich eine Steigerung der monatlichen Rente um mehr als 78,54 Euro, so die Berechnungen der Deutschen Rentenversicherung. Selbstständige können einen großen Teil der Beiträge über die Steuer zurückerhalten. Dies führt, so Stiftung Warentest, je nach Jahresgewinn und Einzahlhöhe, zu einer Steuerersparnis von mehreren Tausend Euro pro Jahr.[48]

Wie immer, wenn etwas freiwillig ist, besteht die Gefahr, dass man zu wenig Geld für die Altersvorsorge zurücklegt. Wie viel Sie als freiwillig Versicherter einzahlen sollten, veranschaulicht dieses Rechenbeispiel: Wer monatlich 300 Euro freiwillig in die Rentenversicherung einzahlt, hat nach einem Jahr eine Altersrente von 16,78 Euro erwirtschaftet. Nach 35 Versicherungsjahren regelmäßiger Einzahlung würde sich der Rentenanspruch auf 587,30 Euro pro Monat summieren. So wird deutlich, dass man erheblich mehr investieren muss, um eine auskömmliche Rente zu sichern. Der aktuelle Regelbeitrag beläuft sich auf 696,57 Euro (Stand 2025).

Gesetzliche Rente und Versorgungswerk: Das müssen Sie wissen

Wenn jemand einem Versorgungswerk beitritt, hat er möglicherweise bereits in die gesetzliche Rentenversicherung eingezahlt. Diese Beiträge bleiben auch nach dem Eintritt ins Versorgungswerk bestehen. Beiträge aus der Ausbildungszeit allein reichen oft nicht aus, um später eine gesetzliche Rente zu erhalten. Welche Möglichkeiten gibt es in diesem Fall?

Wer weniger als fünf Jahre in die gesetzliche Rentenversicherung eingezahlt hat, kann freiwillig Beiträge leisten, um die geforderten fünf Versicherungsjahre zu erreichen. Die Mindestversicherungszeit im deutschen Rentensystem beträgt fünf Jahre.

Personen, die neben ihrer Rente aus dem Versorgungswerk eine gesetzliche Altersrente erhalten und immer gesetzlich krankenversichert waren, sparen im Ruhestand Sozialversicherungsbeiträge. Sie sind automatisch pflichtversichert in der gesetzlichen Krankenversicherung für Rentnerinnen und Rentner. Beziehen sie nur eine Rente aus einem Versorgungswerk, sind sie freiwillig gesetzlich krankenversichert und zahlen höhere Krankenkassenbeiträge als pflichtversicherte Seniorinnen und Senioren.

Auch Selbstständige haben Anspruch auf Kindererziehungszeiten, auch wenn sie keine Pflichtbeiträge in die gesetzliche Rentenversicherung einzahlen.

Pflichtversicherung für Selbstständige: Vorteile und Möglichkeiten

Selbstständige, die nicht versicherungspflichtig sind, haben die Möglichkeit, auf Antrag eine Pflichtversicherung abzuschließen. Dies ist innerhalb der ersten fünf Jahre nach Beginn Ihrer selbstständigen Tätigkeit möglich und kann sinnvoll sein, um sich gegen das Risiko einer Erwerbsminderung abzusichern. Freiwillig gesetzlich Versicherte haben in der Regel keinen Anspruch auf eine Erwerbsminderungsrente. Die Pflichtversicherung bietet Vorteile für diejenigen, die sich für die Riester-Rente interessieren. Durch die Pflichtversicherung sind sie förderberechtigt und können sich vom Staat bei der Altersvorsorge mit Zulagen und Steuervorteilen unterstützen lassen.

Solange die Rente noch nicht ausgezahlt ist, bleibt sie vor Pfändungen geschützt. Dies gilt auch für den Anteil, der auf freiwilligen Beiträgen basiert. Das bedeutet, dass selbst im Falle einer Pfändung Ihre Beitragszahlungen unangetastet bleiben.

Die Pflichtversicherung ist recht unflexibel. Anders als bei der freiwilligen gesetzlichen Versicherung, wo Sie Ihre Beiträge selbst festlegen, sind die Beträge hier fix. Nach der Entscheidung für die Pflichtversicherung bleibt diese bestehen, bis die Selbstständigkeit aufgegeben wird.

Die Basis-Rente – eine optimale Versorgung für Selbstständige?

Bei der Basis-Rente, auch als Rürup-Rente bekannt, hilft der Staat Selbstständigen bei der Altersvorsorge durch steuerliche Subventionen. Diese Unterstützung bietet nur steuerliche Vorteile. Staatliche Zuschläge, wie bei der Riester-Rente, fehlen. Die später aus der Basis-Rente bezogenen Leistungen sind steuerpflichtig. Der Vorteil der nachgelagerten Besteuerung liegt darin, dass der Steuersatz im Alter niedriger ist als im Berufsleben und das angesparte Geld bis dahin gewinnbringend arbeiten kann.

Vorteile: Die Rürup-Rente spart Steuern und sichert die Altersvorsorge durch nachgelagerte Besteuerung. Sie erlaubt flexible Einzahlungen: In guten Jahren kann man mehr zurücklegen, in schlechteren die Beiträge senken.

Nachteile: Abgesehen von den Einzahlungen zeigt sich die Rürup-Rente als wenig flexibel. Vor Eintritt in den Ruhestand ist der Zugriff auf die angesparten Mittel nicht möglich. Der Vertrag kann höchstens pausiert oder der Anbieter gewechselt werden. Die Auszahlung erfolgt im Alter ausschließlich in Form einer lebenslangen Rente, eine einmalige Kapitalauszahlung ist nicht vorgesehen. Darüber hinaus kann das eingezahlte Kapital nicht vererbt werden, ähnlich wie bei der gesetzlichen Rentenversicherung.

→ **Mehr über die Rürup-Rente** in Strategie 8

To-do-Liste für Selbstständige

- ☐ Sorgen Sie für den Ruhestand vor, auch wenn es (noch) freiwillig ist.
- ☐ Analysieren Sie Ihre aktuellen und zukünftigen Finanzziele und planen Sie entsprechend Ihre Vorsorgemaßnahmen.
- ☐ Achten Sie auf Ihr Einkommen. Vergleichen Sie Ihre Honorare mit anderen. Sprechen Sie offen über Honorare. Teilen Sie Ihre Erfahrungen bei der Preisgestaltung.
- ☐ Nutzen Sie Netzwerke und Austauschmöglichkeiten mit anderen Selbstständigen, um von deren Erfahrungen und Strategien zu lernen.
- ☐ Fragen Sie nach, was Männer in der jeweiligen Branche verlangen und orientieren Sie sich daran.
- ☐ Die IHK bietet immer wieder Seminare für Selbstständige an, auch speziell für Frauen.
- ☐ Nutzen Sie die gesetzliche Rentenversicherung als Basisabsicherung fürs Alter. In den ersten fünf Jahren Ihrer Selbstständigkeit können Sie eine Pflichtversicherung beantragen. Damit sichern Sie sich auch gegen Erwerbsminderung ab. Flexibler bleiben Sie mit einer freiwilligen Versicherung.
- ☐ Ihre Beiträge sind in der gesetzlichen Rentenversicherung auch bei einer Insolvenz sicher.
- ☐ Eine gute Altersvorsorge für Selbstständige muss flexibel und anpassungsfähig sein. In Zeiten hoher Gewinne sollten Sie mehr einzahlen können, in schwierigen Phasen weniger.
- ☐ Lassen Sie sich beraten, welches Modell für Sie das Beste ist.
- ☐ Erwägen Sie auch Investitionen in Aktien oder ETFs, um die Rentenlücke zu schließen.

- ☐ Rentenbeiträge können Sie steuerlich absetzen.
- ☐ Selbstständige ohne Pflichtversicherung sollten zeitnah geeignete Vorsorgemaßnahmen ergreifen. So können sie die Zeit als Vorteil nutzen und langfristig gute Renditen erzielen.

Web-Tipp

Wer gesetzlich oder freiwillig rentenversichert ist, profitiert von einem umfassenden Leistungspaket. Welche Vorteile diese Altersvorsorge bietet und wie sich die gesetzliche Rentenversicherung im Fall einer Erwerbsminderung, im Alter oder für die Hinterbliebenen im Todesfall auszahlen kann, können Sie in der Broschüre »Selbstständig – Wie die Rentenversicherung Sie schützt« nachlesen. Außerdem finden Sie Tipps und Hinweise zur freiwilligen Versicherung und zur Pflichtversicherung auf Antrag. Die Broschüre kann man im Internet herunterladen:

<https://www.deutsche-rentenversicherung.de/SharedDocs/Downloads/DE/Broschueren/national/selbstaendig_wie_rv_schuetzt_aktuell.html>

Strategie 5: Warum es nie zu spät ist, sein Gehalt zu verhandeln

Als ich Helga Hofmann in ihrer Zwei-Zimmer-Sozialwohnung besuche, deutet sie auf die unzähligen Ordner hinter sich im Regal. »Mein Antrag auf Mietzuschuss für 2023 umfasst 38 Seiten, dazu kommen noch die Belege und das Begleitschreiben«, erklärt die 82-Jährige. Sie hat 35 Jahre lang Vollzeit gearbeitet und kann heute von ihrer Rente mehr schlecht als recht leben. »Ich muss jeden Cent zweimal umdrehen, um über die Runden zu kommen. Da ich alleinstehend bin, lebe ich nur von meiner Altersrente – ohne zusätzliche Unterstützung durch eine Mütter- oder Witwenrente«, fügt sie hinzu.

Warum fällt ihre Rente so gering aus? Hofmann, die den Beruf der Einzelhandelskauffrau gelernt hat, war viele Jahre als Disponentin im Lebensmittelhandel tätig. Ihre Aufgabe bestand darin, die Anzeigenwerbung für 63 Filialen zu koordinieren. »Mein erster Lohn 1959 betrug 40 D-Mark im Monat«, erinnert sie sich mit einem bitteren Lächeln. Später stieg ihr Gehalt auf 200 D-Mark. »Wir Frauen wurden schon immer schlecht bezahlt. Oft saß ich abends noch da und arbeitete weiter, ohne die Überstunden bezahlt zu bekommen.«

Mehrfach hat Helga Hofmann ihren Vorgesetzten um eine Lohnerhöhung gebeten. »Er hat das aber immer abgelehnt«, erinnert sie sich, und man spürt die Enttäuschung in ihrer Stimme. Die Männer hingegen stiegen immer weiter auf. »Ich hätte viel entschlossener auf einer Gehaltserhöhung bestehen müssen«, sagt sie nachdenklich. Damals war es für Frauen schwierig, Karriere zu machen. Die meisten Frauen arbeiteten nur stundenweise, während der Mann als Hauptverdiener galt. Alleinstehende Frauen wie Helga Hofmann waren eine Seltenheit.

Mit 50 Jahren wurde sie sehr krank. Sie verbrachte viel Zeit in Kliniken. Schließlich musste sie vorzeitig aus dem Berufsleben ausscheiden. Das hatte Auswirkungen auf ihre Rente.

Trotz der Fortschritte in der Gleichstellung der Geschlechter gibt es nach wie vor Ungleichheiten in der Arbeitswelt, die Frauen betreffen. Typische Frauenberufe wie Verkäuferin, Friseurin, Erzieherin oder Altenpflegerin sind auch heute noch unterbezahlt. Männer werden immer noch öfter befördert, während Frauen zurückstehen.

»Lasst euch nichts mehr gefallen und verlangt die gleichen Gehälter und die gleichen Aufstiegschancen wie die Männer!«, rät die Seniorin anderen Frauen.

Warum warten Frauen oft so lange, um nach einer Gehaltserhöhung zu fragen?

Melanie Maas (51) war lange unzufrieden mit ihrem Gehalt. Doch auch sie brauchte Zeit, um Mut zu fassen, etwas zu ändern. Sie arbeitet als Physiotherapeutin in einer freien Praxis. »Meine Arbeit ist körperlich und psychisch äußerst fordernd und anstrengend«, sagt sie. Diese Belastung spiegelt sich nicht in ihrem Gehalt wider. Besonders im Hinblick auf die Rente ist die Lage katastrophal, beschreibt sie. Jahrelang musste sie sich mit jährlichen Gehaltserhöhungen von nur 50 Cent begnügen, was zu einem Bruttostundenlohn von 19,75 Euro führte.

»Irgendwann zu Beginn des Sommers konnte ich es nicht mehr ertragen. Ich bin hoch qualifiziert und habe über 20 Jahre Berufserfahrung!«, betont sie. Was hat sie unternommen? Sie durchforstete diverse Online-Jobbörsen nach den lukrativsten Stellenangeboten, bewarb sich und wurde prompt zu allen Vorstellungsgesprächen eingeladen. »Drei der Positionen hätte ich problemlos bekommen können, mit einem Gehalt von 27,50 Euro pro Stunde brutto«, erklärt sie. Mit diesem Wissen im Gepäck trat sie vor ihre Chefin, um ihr die Gelegenheit zu geben, darauf zu reagieren.

Ein guter Plan: »Und siehe da, sie wollte mich nicht verlieren! Jetzt verdiene ich ab August 25,25 Euro pro Stunde brutto und bin geblieben.«

Der Weg dorthin war beschwerlich und erforderte Mut, doch Melanie Maas fühlt sich endlich wieder wertgeschätzt.

Was hält Frauen davon ab, ihr Gehalt zu verhandeln?

Eine Umfrage des Berufsnetzwerks LinkedIn aus dem Jahr 2022 zeigt, dass 41 Prozent der befragten Frauen noch nie über ihr Gehalt verhandelt haben, während der Anteil bei den Männern nur bei 26 Prozent liegt. Melanie Maas Geschichte ist somit kein Einzelfall. Viele Frauen zögern, nach einer Gehaltserhöhung zu fragen, obwohl sie wissen, dass ihre männlichen Kollegen regelmäßig mehr Geld bekommen. Doch sie warten. Warum?

Warum zögern wir, nach dem zu fragen, was uns zusteht?

In Deutschland ist das Thema Gehalt oft ein Buch mit sieben Siegeln. Vor allem in der Privatwirtschaft wird in der Regel nicht offen darüber gesprochen. »Häufig wissen die Mitarbeitenden nicht, was ihre Kolleginnen und Kollegen verdienen. Dass da ein enormer Unterschied vorliegt, kommt oft nur zufällig heraus. Eine Frau, die ich gecoacht habe, hat es erfahren, weil der Gehaltszettel ihres Kollegen im Kopierer lag«, sagt Ljubow Strobel, Gründerin und Geschäftsführerin von »Frau verhandelt«.[49]

Schon beim Einstiegsgehalt verkalkulieren sich Frauen erheblich und erwarten im Vergleich zu Männern ein viel niedrigeres Gehalt. Außerdem unterschätzen sie, wie groß der Spielraum beim Gehalt ist. Je nach Branche, Marktsituation und Bonus kann dieser zwischen 5 und 20 Prozent ihres aktuellen Gehalts liegen.

Eine Ahnung, dass etwas mit der Bezahlung nicht stimmt, haben viele Frauen bereits: Eine Umfrage der Marktforscher von YouGov im Auftrag des Jobportals Indeed offenbarte, dass 57 Prozent der Frauen in Deutschland glauben, nicht angemessen entlohnt zu werden. Sie sind sich der Lohnungleichheiten bewusst, doch oft fehlt der Mut, dies offen anzusprechen. Ein Grund dafür könnte die Angst vor Ablehnung sein. Besonders Frauen fürchten, als unverschämt oder unprofessionell zu gelten, wenn sie eine Gehaltserhöhung einfordern. »Das liegt oftmals an unserer Erziehung und Sozialisierung. Frauen schätzen ihre Talente nicht genug wert. Und wenn ihnen ihr Beruf

Freude bereitet, empfinden sie eine Gehaltsverhandlung häufig als unangemessen«, erklärt Strobel.[50]

Frauen stoßen bei Gehaltsverhandlungen auf viele Hindernisse, vor allem aufgrund gesellschaftlicher Normen, so bringt es auch die Journalistin und Bestsellerautorin Otegha Uwagba auf den Punkt. Viele Männer beurteilen Frauen immer noch negativ, wenn sie mehr Geld verlangen. Es braucht keine Studie, um zu zeigen, dass Durchsetzungsvermögen und Forderungen nach mehr Geld, Respekt oder Anerkennung nicht den Stereotypen weiblicher Eigenschaften entsprechen. Von Frauen werde nach wie vor Fügsamkeit, Bescheidenheit und Unterwürfigkeit erwartet, so Uwagba.[51]

Auch hier grüßt das Frauenbild der 1950er-Jahre.

Ein weiterer Grund ist fehlendes Selbstvertrauen. Viele von uns zweifeln an ihrem Wert und trauen sich nicht, nach einer Gehaltserhöhung zu fragen. Oft nehmen wir unsere Arbeit als selbstverständlich hin, ohne zu überlegen, ob wir angemessen entlohnt werden. Dabei ist es nicht nur legitim, sondern entscheidend, eine gerechte Bezahlung zu fordern. Haben Sie Mut und fragen Sie nach einer Gehaltserhöhung. Männer fragen nicht nur bei den regulären Jahresgesprächen nach einer Gehaltserhöhung. Fast die Hälfte der befragten Männer (48 Prozent) hat abseits der Jahresgespräche nach einer Beförderung gefragt. Je höher die Position, umso häufiger wird das Gehalt verhandelt.[52]

Was bringt das Entgelttransparenzgesetz?

Es ist sogar verboten, Frauen und Männern aufgrund ihres Geschlechts unterschiedlich zu bezahlen, das erklärt auch die Bundesregierung in der Broschüre »Gleiche Arbeit = gleicher Lohn?«.[53] Trotzdem verdienen Frauen in Deutschland im Schnitt immer noch weniger als Männer. Ein Grund: In vielen Betrieben ist das Gehalt ein Tabuthema. Oft steht sogar in den Arbeitsverträgen, dass zum Gehalt Stillschweigen zu wahren ist. Daher kennen Beschäftigte die Grundlagen für ihren Lohn nicht – und können deswegen gar nicht einschätzen, ob sie für die gleiche oder die gleichwertige Arbeit tatsächlich das gleiche Gehalt erhalten.

Das soll das Entgelttransparenzgesetz, das 2017 eingeführt wurde, ändern. Es ermöglicht Arbeitnehmerinnen, das durchschnittliche Gehalt ihrer vergleichbaren Kollegen des anderen Geschlechts zu erfahren. Theoretisch. Sollte das Unternehmen die Differenz zum Median, also dem mittleren Wert, nicht überzeugend begründen können, steht den Betroffenen eine Gehaltserhöhung zu.

Konkrete Zahlen, wie oft dieses Gesetz bislang Anwendung fand, gibt es allerdings nicht. Der Deutsche Gewerkschaftsbund[54] bezeichnet es im August 2024 als »relativ wirkungslos«.

> *»Eine* **Gehaltserhöhung** *kommt nicht auf dem Silbertablett«*
>
> *Ljubow Strobel*

Kann das Nachfragen Nachteile haben? »Nein. Niemandem darf gekündigt und niemand darf benachteiligt werden, weil er oder sie von seinem oder ihrem Auskunftsanspruch Gebrauch macht«, erklärt die Broschüre »Gleiche Arbeit, gleicher Lohn«.[55] Das Entgeltgleichheitsgebot gilt auch in Betrieben mit weniger als 200 Angestellten. Mitarbeitende können also verlangen, dass sie genauso bezahlt werden wie ihre Kolleginnen oder Kollegen in vergleichbaren Positionen. Wenn Sie Zweifel haben, dass dies in Ihrem Betrieb der Fall ist, sollten Sie das Gespräch mit Ihrem Arbeitgeber suchen oder, falls vorhanden, den Betriebs- oder Personalrat um Unterstützung bitten. Oft traut man sich einfach nicht allein.

Arbeitgeber ohne Tarifbindung oder Tarifvertrag sind verpflichtet, innerhalb von drei Monaten Auskunft zu erteilen. Sollte sich die Antwort verzögern, müssen sie die Anfragenden darüber in Kenntnis setzen. Für Arbeitgeber, die tarifgebunden sind oder einen Tarifvertrag anwenden, sieht das Gesetz keine feste Frist vor. Dennoch haben Sie auch hier das Recht auf eine Auskunft. Zögern Sie nicht, nachzuhaken, wenn Sie keine Antwort erhalten.

Was braucht es für eine gute Gehaltsverhandlung?

Nadine Nachtmann arbeitet seit drei Jahren im Marketing eines kleinen, von seinem Gründer geführten Unternehmens. Die Geschäfte florieren und sie startete mit einem Einstiegsgehalt von 4.000 Euro brutto. Kurz vor Weihnachten fragte sie im Personalgespräch nach einer Gehaltserhöhung auf 4.600 Euro brutto. Die Geschäftsführung lehnte ihre Forderung ab und begründete dies damit, dass eine Erhöhung das Gehaltsgefüge stören würde.

Zu Beginn des Sommers fasste Nadine Nachtmann neuen Mut und wagte einen weiteren Versuch. »Wir konnten keinen passenden Termin finden und ich wurde immer wieder vertröstet. Jetzt habe ich Angst, erneut um einen Termin zu bitten«, gesteht sie. »Ich habe mich gründlich vorbereitet«, betont Nachtmann. Sie hat eine Fülle von Argumenten gesammelt, die ihren Wert für das Unternehmen belegen: ihre Beiträge zum Ausbildungsprogramm, ihre Erfolge und vieles mehr. »Doch jetzt fehlt mir der Mut, noch einmal nach einer Gehaltserhöhung zu fragen. Wenn er mich wieder abwimmelt, bleibt mir wohl nichts anderes übrig, als mir einen neuen Job zu suchen«, fügt sie hinzu.

»Eine Gehaltserhöhung kommt nicht auf dem Silbertablett. Wer mehr Geld und bessere Arbeitsbedingungen möchte, muss die Vorgesetzten gut vorbereitet darauf ansprechen«, rät Ljubow Strobel.

Studien belegen, dass Frauen – auch wenn sie verhandeln – immer noch weniger Gehalt angeboten wird als Männern. Die Expertin Strobel rät ihren Klientinnen daher, sich vor einer Gehaltsverhandlung bei drei anderen Unternehmen zu bewerben, um ihren Marktwert zu testen. Auch wenn Sie Ihren aktuellen Job behalten möchten, hilft ein konkretes Angebot in der Hand beim Verhandeln.

Denn Wissen ist der Schlüssel zum Erfolg. Vor einer Verhandlung sollten Sie sich über übliche Gehälter, Spielräume in Ihrer Branche und Ihrer Position sowie über Entwicklungs- und Aufstiegsmöglichkeiten informieren. Das schafft die Basis für eine erfolgreiche Verhandlung.

Wie hoch ist das gängige Gehalt in der eigenen Branche? Wie hoch ist mein Marktwert? Diese Fragen sollten Sie im Vorfeld klären.

Gehaltsverhandlungen können Sie online trainieren. Ljubow Strobel bietet unter »Frau verhandelt« teils kostenlose, teils gebührenpflichtige Trainings für Frauen an. »Wir haben kein Budget«, »Das ist jetzt aber nicht der richtige Zeitpunkt« oder »Ich würde Ihnen ja mehr Gehalt bezahlen, aber ich kann das nicht entscheiden«, sind klassische Antworten, auf die sich Frauen bei einer Gehaltsverhandlung einstellen müssten. Jede Woche präsentiert Strobel auf ihrem Instagram-Kanal ein neues Totschlagargument, das eine Gehaltserhöhung infrage stellt und zur Diskussion anregt. Ein Beispiel?

»Du hast doch dieses Jahr mehr Verantwortung übernommen. Ist das nicht eine viel größere Wertschätzung?«

Die Reaktionen der Followerinnen sind unmissverständlich. Eine von ihnen, bringt es auf den Punkt: »Wenn ich das richtig verstehe, verdient man in diesem Unternehmen weniger, je mehr Verantwortung man trägt. Heißt das, die Geschäftsführung arbeitet ehrenamtlich? Ein interessanter Ansatz, aber ich arbeite für ein Gehalt und erwarte, dass mehr Verantwortung auch mehr Gehalt bedeutet.«

Ein anderes Beispiel: »Ein abgeschlossenes Studium rechtfertigt keine Gehaltserhöhung.« Darauf kontert eine Userin: »Das mag sein. Aber herausragende Leistung sollte anerkannt werden. Genau das erwarte ich.« Diese Beiträge sind ideal geeignet, um sich mit dem Thema Gehaltsverhandlung zu beschäftigen. Den Frauen geht es in erster Linie um Anerkennung und gerechte Bezahlung für ihre Arbeit und Verantwortung. Sie wollen nicht nur arbeiten, sondern auch angemessen entlohnt werden.

Lassen Sie uns noch einmal zu Nadine Nachtmann zurückkehren. Sie entschied sich, trotz ihrer Bedenken, noch einen letzten Versuch zu wagen. Sie bereitete sich akribisch vor, sammelte alle relevanten Dokumente und Argumente und vereinbarte einen Termin mit ihrem Chef.

Am Tag des Gesprächs betrat sie das Büro ihres Chefs mit klopfendem Herzen, aber fest entschlossen. Sie begann, ihre Erfolge und Beiträge zum Unternehmen auszuführen. Ihr Chef hörte zu und nickte gelegentlich, zeigte jedoch keine Reaktion. Nachdem Nadine fertig war, entstand eine kurze Pause. Dann lehnte sich ihr Chef zurück und lächelte.

»Nadine, ich bin beeindruckt von Ihrer Entschlossenheit und Ihren Leistungen. Mir war nicht bewusst, wie viel Sie in den letzten Jahren erreicht haben. Ich verstehe Ihre Frustration bezüglich des Gehalts, und ich möchte Ihnen sagen, dass ich Ihre Forderung ernst nehme.«

Nadine Nachtmann hielt den Atem an, während ihr Chef fortfuhr: »Wir haben in den letzten Monaten einige Änderungen in unserer Gehaltsstruktur vorgenommen, und ich freue mich, Ihnen mitteilen zu können, dass wir Ihnen eine Gehaltserhöhung auf 4.800 Euro brutto anbieten können. Außerdem möchte ich Ihnen eine neue Position als Teamleiterin im Marketing vorschlagen, mit einem zusätzlichen Bonusprogramm.«

Nadine Nachtmann hatte sich auf eine weitere Ablehnung eingestellt, doch nun erhielt sie nicht nur die gewünschte Gehaltserhöhung, sondern auch eine Beförderung und ein Bonusprogramm. Sie konnte es kaum glauben und verließ das Büro mit einem Lächeln.

To-do-Liste für die Gehaltsverhandlung

- ☐ Seit Ihrer Einstellung haben Sie zusätzliche Aufgaben übernommen, doch Ihr Gehalt blieb unverändert? Dann ist es ein guter Zeitpunkt für eine Gehaltsverhandlung.
- ☐ Bereiten Sie sich gründlich vor.
- ☐ Recherchieren Sie im Internet, welches Gehalt in Ihrer Branche üblich ist, zum Beispiel bei gehalt.de, gehaltsvergleich.com, www.service.destatis.de/DE/gehaltsvergleich oder kununu.com.
- ☐ Kennen Sie Ihren Marktwert. Was verdienen andere, die den gleichen Job machen? Informieren Sie sich bei Freundinnen,

Bekannten und Kolleginnen, welches Gehalt für Ihre Position angemessen ist. Sprechen Sie über Ihr Gehalt.

- ☐ Gehen Sie gedanklich alle wichtigen Punkte durch, schreiben Sie Ihre Argumente auf und stellen Sie sicher, dass diese stichhaltig sind.

- ☐ Vermeiden Sie typische Fehler in der Gehaltsverhandlung: Bringen Sie keine falschen Argumente, kommen Sie nicht schlecht vorbereitet in die Verhandlung, pokern Sie nicht zu hoch, verkaufen Sie sich nicht unter Wert und wählen Sie einen geeigneten Zeitpunkt.

- ☐ Treten Sie mit einer positiven Einstellung in die Verhandlung.

- ☐ Zeigen Sie Selbstbewusstsein. Ja, das ist leicht gesagt. Üben Sie das Gespräch mit einer vertrauten Person. Eine Simulation hilft Ihnen, sicherer aufzutreten und Ihre Argumente überzeugend zu präsentieren.

- ☐ Zeigen Sie Ihrer oder Ihrem Vorgesetzten, dass Sie alle Ihnen übertragenen Aufgaben hervorragend meistern und einen sehr guten Job machen.

- ☐ Notieren Sie Ihre Erfolge immer wieder in einer Tabelle auf Ihrem Computer – vielleicht einmal in der Woche oder einmal im Monat.

- ☐ Die Online-Jobplattform Stepstone empfiehlt, alle sechs Monate aktiv ein Leistungsbeurteilungsgespräch einzufordern. Dies ist eine gute Gelegenheit, um über eine Gehaltserhöhung zu sprechen.

- ☐ In einigen Berufen ist es einfacher, seine Fähigkeiten zu zeigen, zum Beispiel durch hohe Verkaufszahlen. Wenn Sie den Umsatz gesteigert oder neue langfristige Kunden gewonnen haben, sind das gute Gründe für mehr Gehalt.

- ☐ Aber auch außerhalb des Vertriebs gibt es Erfolgsfaktoren, die eine Gehaltserhöhung rechtfertigen können. Haben Sie Projekte erfolgreich abgeschlossen? Konnten Sie Kosten sparen oder Prozesse verbessern?

- ☐ Bewahren Sie alle E-Mails auf, in denen Kunden Ihre Arbeit loben. Positives Feedback aus Projekten kann ein starkes Argument für eine Gehaltserhöhung sein.

- ☐ Bereiten Sie sich auf Gegenargumente vor. Überlegen Sie, wie Sie auf Einwände wie »Es ist kein Budget vorhanden« oder »Jetzt ist nicht der richtige Zeitpunkt« reagieren können.

- ☐ Vernetzen Sie sich mit anderen Frauen. Durch den Austausch mit Gleichgesinnten können Sie Unterstützung und Inspiration finden.

- ☐ Seien Sie bereit, Kompromisse einzugehen. Wenn eine sofortige Gehaltserhöhung nicht möglich ist, könnten andere Vergünstigungen wie flexible Arbeitszeiten, zusätzliche Urlaubstage oder Fortbildungsmöglichkeiten eine Alternative sein.

- ☐ Wie bei so vielem im Leben kommt es auch bei der Gehaltsverhandlung auf das richtige Timing an. Idealerweise spricht man eine Gehaltserhöhung während eines Leistungsbeurteilungsgesprächs, eines Jahresgesprächs oder nach einem erfolgreichen Projektabschluss an. Dabei ist es entscheidend, die wirtschaftliche Lage des Unternehmens im Blick zu haben. Ist das Unternehmen finanziell stabil, stehen die Chancen für eine erfolgreiche Verhandlung oft besser.

- ☐ Bescheidenheit ist in Bewerbungs- und Verhandlungssituationen nicht angebracht.

Web-Tipp

Wenn Sie das Gefühl haben, ungerecht bezahlt zu werden, sollten Sie Ihren Auskunftsanspruch nutzen. Sie können die Anfrage frei formulieren oder Musterformulare vom Bundesministerium für Familie, Senioren, Frauen und Jugend (BMFSJ) herunterladen. Das BMFSJ stellt auch weitere Informationen zum Vorgehen bereit. Gibt es im Unternehmen einen Betriebsrat, reichen Sie den Antrag dort ein. Andernfalls geben Sie ihn direkt beim Arbeitgeber ab.
<https://www.bmfsfj.de/bmfsfj/service/publikationen/das-neue-entgelttransparenzgesetz-mehr-chancen-fuer-beschaeftigte-118152>

Praxis-Tipp

Hier finden Sie einige positive Affirmationen, die Frauen dabei helfen können, ihr Selbstbewusstsein zu stärken. Sie können diese regelmäßig wiederholen.

Ich bin voller Energie und Tatendrang.

Ich bin kreativ und finde immer eine Lösung.

Ich bin in Harmonie mit mir und meiner Umwelt

Ich verdiene Erfolg und Wohlstand.

Ich vertraue meinen Fähigkeiten und meinem Wissen.

Ich bin es wert, respektiert und geschätzt zu werden.

Ich kann jede Herausforderung meistern.

Ich bin stolz auf meine beruflichen Leistungen.

Ich ziehe positive Energie und Erfolg in mein Leben.

Ich bin selbstbewusst und mutig in allem, was ich tue.

Ich akzeptiere mich voll und ganz so, wie ich bin.

Strategie 6: Was ist Altersvorsorge überhaupt und ist es zu spät, mit 50 Jahren damit anzufangen?

Eigentlich sollte man früh mit der Altersvorsorge beginnen, und die meisten Frauen tun das auch. Doch dann bekommen wir Kinder. Das bringt eine Welle von Veränderungen mit sich – und plötzlich gerät die Altersvorsorge ins Straucheln. In dieser turbulenten Lebensphase verdienen Frauen auf einmal weniger. Die Ära der Lücken beginnt – und hört nicht wieder auf. Auch ich habe mich kaum für das Thema Rente interessiert. Den jährlichen Brief der Rentenversicherung habe ich zwar abgeheftet, doch den Zahlen kaum Beachtung geschenkt. Als meine erste Tochter zur Welt kam, hieß es für mich: Teilzeit statt Vollzeit.

Lebewohl, Karriere – willkommen, Rentenlücke.

Es ist schon verrückt, wie man in der Fürsorge für die Familie so vieles aus den Augen verliert. Wie gravierend die Rentenlücke bei Frauen ist, zeigt diese Beispielrechnung: Eine Krankenschwester, die ein Bruttogehalt von 3.000 Euro bezieht und 45 Jahre lang arbeitet, erhält im Ruhestand eine monatliche Rente von etwa 1.405 Euro. Aber in dieser Berechnung steckt ein erheblicher Denkfehler: Welche Krankenschwester arbeitet 45 Jahre – und das in Vollzeit? Frauen, nicht nur Krankenschwestern, arbeiten im Durchschnitt zehn Jahre kürzer als Männer – und zahlen daher nur 35 Jahre oder sogar weniger in die Rentenversicherung ein.[56]

Frauen benötigen bei Rentenbeginn etwa 70 Prozent ihres letzten Arbeitseinkommens, um ihren Lebensunterhalt im Alter zu sichern. Wer im Ruhestand reisen oder andere Freizeitaktivitäten genießen möchte, kalkuliert besser mit 80 Prozent. Rentenrechner im Internet oder eine Altersvorsorgeberatung helfen, die eigene Rentenlücke einzuschätzen. Am besten ist es, sich selbst um seine Finanzen zu kümmern. Das ist auch ein Zeichen der Wertschätzung sich selbst gegenüber.

Seit der Rentenreform im Jahr 2001, initiiert von der rot-grünen Bundesregierung unter Gerhard Schröder, basiert die Altersvorsorge in Deutschland auf einem mehrstufigen System. Im Folgenden erkläre ich die drei Säulen der Altersvorsorge und welche Bedeutung sie insbesondere für Frauen haben. Im Prinzip müssen gerade Frauen alle drei Säulen nutzen und besparen. Daher ist es wichtig, sich damit auseinanderzusetzen.

Es gibt diese drei wichtigen Bausteine für die Altersvorsorge:

1. **Die gesetzliche Rentenversicherung,**
2. **Die betriebliche Altersvorsorge,**
3. **Die private Altersvorsorge.**

1. Die gesetzliche Rentenversicherung

Die gesetzliche Rentenversicherung bildet in Deutschland das Herzstück der Altersvorsorge für Angestellte und Selbstständige. Man kann sich das Rentensystem wie einen großen, ständig fließenden Fluss vorstellen. Jeden Monat fließt ein Teil unseres Gehalts in diesen Strom. Dieses Geld ist wie frisches Wasser, das den Fluss speist. Es wird nicht direkt für unsere eigene Zukunft gespart, sondern an die Rentnerinnen und Rentner von heute ausgezahlt. Dieses Umlageverfahren, bei dem die Jungen für die Alten aufkommen, funktioniert bisher auch weiterhin. Auf welche Rente wir uns freuen können, darüber informiert einmal im Jahr die Renteninformation.

Warum ist dieser Brief so wichtig? Er zeigt uns, wo wir in Sachen Rente stehen – wie eine Art Fitness-Tracker für unsere Altersvorsorge. Auf der Vorderseite springen einem drei Zahlen ins Auge. Die erste Zahl verrät, was Sie bekommen würden, wenn Sie aus gesundheitlichen Gründen ab sofort nicht mehr arbeiten könnten.

In der Mitte steht die Zahl, die Ihre bisher gesammelten Rentenansprüche anzeigt. Meistens ist das nicht gerade die Zahl, die man sich stolz an den Kühlschrank kleben würde. Dann folgt noch die dritte Zahl, die einen Blick in die Zukunft wirft: Hier sehen Sie die voraussichtliche Höhe der Rente, wenn Sie bis zu Ihrem Ruhestand mit dem gleichen Gehalt weiterarbeiten. Diese Zahl verrät, ob Sie sich später eine Weltreise oder eher einen Urlaub auf Balkonien leisten können. Wichtig ist zu wissen, dass diese Beträge so nicht auf dem Konto landen. Vom späteren Rentenbetrag werden noch Kranken- und Pflegeversicherung abgezogen. Und: Die Rente ist steuerpflichtig.

Ab dem 55. Geburtstag erhalten Sie alle drei Jahre eine Rentenauskunft, die eine Übersicht aller gespeicherten Versicherungszeiten sowie Angaben zu den verschiedenen Altersrenten und ob beziehungsweise wann Sie diese in Anspruch nehmen können. Diese ersetzt die Renteninformation. Kontrollieren Sie unbedingt, ob alle Zeiten erfasst sind. Auch Schule, Studium oder Ausbildung zählen zu den Versicherungszeiten und werden angerechnet, wenn Sie in Rente gehen.

Die Höhe der Rente bemisst sich nach der Dauer der Beschäftigung und dem Bruttogehalt. Für jedes Jahr wird der Verdienst in Entgeltpunkte umgerechnet. Frauen, die ihr Leben lang nur in Teilzeit oder geringfügig beschäftigt waren, erreichen weniger Rentenpunkte und erhalten im Alter keine ausreichende Rente.

Rentenniveau versus Rentenhöhe: Verständnis und Unterschiede

Die gesetzliche Rente ist die wichtigste Vorsorgeleistung. Jedoch fällt sie immer knapper aus. Das Rentenniveau ist ein Maßstab dafür, wie hoch die gesetzliche Rente im Vergleich zum durchschnittlichen Einkommen während des Erwerbslebens ausfällt. Es gibt an, welchen Anteil an durchschnittlichem Einkommen ein Rentner nach 45 Berufsjahren erwarten kann. Man kann sich das Rentenniveau wie eine Brücke zwischen Arbeitsleben und Ruhestand vorstellen. Die Brücke wird immer schmaler, je mehr das Rentenniveau sinkt. Während in den 1970er-Jahren die Brücke noch ziemlich breit war und die Rentnerinnen und Rentner einen großen Teil ihres früheren Einkommens erhielten, wird die Brücke schmaler.

1977 betrug das Rentenniveau knapp 60 Prozent, was bedeutet, das ein Rentner 60 Prozent seines Einkommens als Rente erhielt. Bis 1995 sank es auf 55 Prozent. Heute wird politisch versucht, das Niveau durch gesetzliche Maßnahmen bei 48 Prozent bis zum Jahr 2039 zu stabilisieren. Was heißt das? Durch die Senkung des Rentenniveaus entsteht eine immer größere Kluft zwischen dem Einkommen während des Erwerbslebens und dem im Alter. Auch wenn das Rentenniveau sinkt, können die Renten weiter steigen, aber nicht so stark wie die Löhne und Gehälter.

→ **Mehr über die gesetzliche Rente** finden Sie in Strategie 7

2. Die betriebliche Altersvorsorge

Die betriebliche Altersvorsorge (bAV) ist die zweite Säule der Altersvorsorge. Derzeit besitzen rund 54 Prozent der sozialversicherungspflichtigen Beschäftigten in Deutschland eine Betriebsrente.[57] Lücken bestehen vor allem in kleineren Unternehmen und bei Geringverdienern. Wie die Riester-Rente ist auch die bAV eine kapitalgedeckte Zusatzvorsorge. Das heißt, Ihre Beiträge werden am Kapitalmarkt angelegt und im Alter an Sie ausgezahlt.

Stellen Sie sich die betriebliche Altersvorsorge wie ein zusätzliches Sparschwein vor, das Ihnen Ihr Arbeitgeber zur Verfügung stellt. Dieses Sparschwein ergänzt Ihre gesetzliche und private Rente. Der Clou: Ihr Arbeitgeber füttert dieses Sparschwein regelmäßig mit Geld, indem er monatlich einen bestimmten Betrag einzahlt. Je großzügiger eine Firma dabei ist, desto lohnender wird es für die Beschäftigten. Sparte früher vor allem der Arbeitgeber, zahlen heute die Beschäftigten oft den größeren Anteil in die Vorsorgeverträge ein. Der Beitrag zur Vorsorge wird direkt vom Bruttolohn abgezogen.

Wer hat Anspruch auf eine betriebliche Altersvorsorge?

Wer angestellt und in der gesetzlichen Sozialversicherung pflichtversichert ist, hat seit 2002 Anspruch auf eine bAV. Auch Teilzeitkräfte und Minijobber können die bAV nutzen. Allerdings bestimmt Ihr Arbeitgeber, welche Vorsorge er anbietet, und es bestehen meist wenig Auswahlmöglichkeiten.

Betriebsrente: Was Sie über Steuern und Abgaben wissen müssen

Auf den ersten Blick klingt alles gut: Bis zu 322 Euro monatlich können ohne Sozialabgaben gespart werden, und bis zu 644 Euro pro Monat sind steuerfrei (Stand 2025). Konkret heißt das: Sie geben direkt einen Teil Ihres Bruttolohns ab und zahlen diesen in die betriebliche Altersvorsorge ein, ohne dass Sie Ihr bereits versteuertes Nettoeinkommen investieren müssen. Dies nennt sich Entgeltumwandlung.

Wenn Sie 100 Euro im Monat auf diese Weise ansparen, müssen Sie bei einem Bruttogehalt von 2.000 Euro nur auf gut 50 Euro netto verzichten. Sie können also mehr Geld für das Alter zurücklegen, sodass Ihr Kapital durch den Zinseszinseffekt deutlich schneller anwächst. Werden bei einer Geldanlage die Zinsen nicht ausgezahlt, erhalten Sie Zinsen auf Ihre Zinsen. Durch diesen Effekt wächst Ihre Anlage jedes Jahr um einen höheren Betrag.

Im Ruhestand erhalten Arbeitnehmerinnen und Arbeitnehmer ihre zusätzliche Rente aus den Leistungen der betrieblichen Altersversorgung. Auf diese Zahlungen müssen sie dann Steuern und Sozialabgaben entrichten. Die Betriebsrente muss zu 100 Prozent versteuert werden. Wer gesetzlich krankenversichert ist, muss auf die Betriebsrente auch Beiträge zur Kranken- und Pflegeversicherung bezahlen. Pflichtversicherte haben einen Freibetrag von derzeit 176,75 Euro.

Wie viel Geld sollte der Arbeitgeber beisteuern?

Seit 2019 ist gesetzlich festgelegt, dass Arbeitgeber mindestens 15 Prozent zu den Beiträgen zur betrieblichen Altersvorsorge beisteuern müssen. Doch warum sollte man sich mit dem Minimum zufriedengeben? Es lohnt sich, bei der Personalabteilung nachzufragen, wie viel das Unternehmen bereit ist, für Ihre Altersvorsorge mitzutragen. Seien Sie mutig und verhandeln Sie – manche Arbeitgeber sind durchaus bereit, mehr zu investieren. Eine bAV lohnt sich nur dann, wenn sich der Arbeitgeber mit mindestens 30 Prozent, besser 50 Prozent am Bruttobeitrag beteiligt. Zu diesem Schluss kommt die Verbraucherzentrale Hamburg.[58]

Auch wenn Sie einen Minijob ausüben, haben Sie unter bestimmten Bedingungen Anspruch auf diese Vorsorgeleistungen, insbesondere wenn Sie in die Rentenversicherung einzahlen und die Versicherungspflicht nicht abgewählt haben. Gerade für Geringverdiener ist diese zusätzliche Absicherung sehr wichtig.

To-do-Liste für die betriebliche Altersvorsorge

☐ Erkundigen Sie sich, ob Ihr Unternehmen eine bAV anbietet. Eine betriebliche Altersvorsorge kann sich auch nach dem 50. Lebensjahr noch lohnen, vor allem wenn Ihr Arbeitgeber einen großen Anteil bezahlt.

☐ Besonders vorteilhaft ist es, wenn Sie vorhaben, in dem Unternehmen zu bleiben und nicht bald die Stelle zu wechseln.

☐ Prüfen Sie vorher sorgfältig die anfallenden Kosten. Hohe Verwaltungs- oder Abschlussgebühren können das Angebot unattraktiv machen. Hinter den Anbietern stecken Unternehmen, die mit Ihrer Geldanlage selbst Gewinne erzielen möchten. Das kann Ihre Erträge erheblich mindern.[59] Zu den Anbietern einer bAV gehören zum Beispiel Allianz, Swiss Life, HUK COBURG, Württembergische und viele mehr.

- ☐ Wie hoch ist die Rendite? Lassen Sie sich vorab ausrechnen, wie sich das Sparguthaben in zwei, fünf oder zehn Jahren entwickelt.
- ☐ Private Altersvorsorge sichert gegen Langlebigkeit ab. Versicherungen kalkulieren mit einem sehr hohen Lebensalter, das Sie möglicherweise nie erreichen. Dies kann die Rentenhöhe beeinflussen.
- ☐ Ein weiterer Nachteil: Vor der Rentenphase bleibt das Kapital der bAV unzugänglich. Zudem ist nicht garantiert, dass der bestehende Vertrag bei einem neuen Arbeitgeber weitergeführt werden kann. Möglicherweise müssen Sie den Vertrag stilllegen oder privat weiterführen.
- ☐ Je mehr Zuschuss die Firma bei der Entgeltumwandlung gibt, desto attraktiver wird der Vertrag für Sie.
- ☐ Lassen Sie sich von einer unabhängigen Finanzberaterin oder einer Verbraucherzentrale beraten, um sicherzustellen, dass Sie die beste Entscheidung treffen.
- ☐ Je nach Höhe Ihres Einkommens kann sich die Entgeltumwandlung mehr oder weniger rechnen. Für Geringverdiener und absolute Topverdiener lohnt es sich am ehesten.[60]
- ☐ Informieren Sie sich über die Bedingungen für eine Kündigung oder den Wechsel des Anbieters. Es ist wichtig zu wissen, welche Kosten oder Nachteile damit verbunden sein könnten.
- ☐ In einem Fall lohnt sich die betriebliche Altersvorsorge immer: wenn Ihr Arbeitgeber sämtliche Kosten übernimmt. Das können Sie als Geschenk betrachten und müssen nicht lange überlegen.

3. Die private Altersvorsorge

Bei der privaten Altersvorsorge gibt es viele Möglichkeiten: Rürup- oder Riester-Rente, private Rentenversicherungen, Kapitallebensversicherungen oder die Anlage in Wertpapieren, Fonds oder ETFs. Wer privat für sein Alter vorsorgen möchte, braucht ein Tagesgeldkonto. Warum? Ganz einfach: Dies ist wie ein finanzieller Sicherheitsgurt, der zwei Dinge bietet: Sicherheit und Flexibilität. Anders als ein Girokonto, das nur dazu da ist, dass Ihr Geld ein und aus geht, ist ein Tagesgeldkonto verzinst. Und das Beste daran? Sie können jederzeit über Ihr Geld verfügen. Aktuell gibt es auch kostenlose Angebote, viele davon mit Zinsen.

Die Zinsen für Tagesgeld orientieren sich, ähnlich wie beim Sparbuch, an den Leitzinsen der Europäischen Zentralbank. Lange Zeit gab es kaum Zinsen für Tagesgeld, doch nun locken bessere Konditionen für all jene, die ihr Erspartes sicher und flexibel anlegen möchten. Die Eröffnung eines Tagesgeldkontos ist also essenziell für den Vermögensaufbau.

Viele Banken offerieren spezielle Konditionen für Neukunden mit zeitlich begrenzten Laufzeiten von drei bis sechs Monaten. Diese Angebote sollten Sie vergleichen, um die bestmöglichen Zinsen zu erhalten. Neben den etablierten Banken gibt es auch Online- und Direktbanken. Kunden können Konten in der Regel unkompliziert online eröffnen, entweder über das Postident- oder das Videoident-Verfahren.

Selbst mit kleinen monatlichen Sparbeträgen ab 50 Euro können Sie den Zinseszinseffekt nutzen. Nehmen wir an, Sie haben 10.000 Euro zu einem Zinssatz von 2 Prozent angelegt. Dann erhalten Sie im ersten Jahr 200 Euro Zinsen. Der Kontostand beträgt nun 10.200 Euro. Daher bekommen Sie im nächsten Jahr 204 Euro Zinsen. Sie legen nun 10.404 Euro an und erhalten im dritten Jahr 208,08 Euro Zinsen. Das ist der Zinseszinseffekt. Er entfaltet besonders bei längeren Anlagen seine Wirkung. Im Vergleich dazu erweisen sich Bausparverträge und Lebensversicherungen oft als weniger effektiv.

Derzeit besonders beliebt sind sogenannte ETFs, Exchange Traded Funds. Ein ETF ist ein börsengehandelter Fonds, der sich durch seine passive Anlagestrategie von aktiv gemanagten Fonds unterscheidet. Im Gegensatz zu einem Fondsmanager, der aktiv Aktien, Immobilien oder Renten auswählt, bildet ein ETF einen Börsenindex nach, zum Beispiel den DAX-Index.

»Mit ETFs bauen Sie langfristig Vermögen auf und zwar einfach und günstig. ETFs sind rund fünfmal günstiger als gemanagte Aktienfonds. Sie brauchen dafür keine Insiderinformationen und müssen kein Börsenexperte sein«, sagt Judit Maertsch, unabhängige Finanzexpertin beim VerbraucherService Bayern in einem Interview. Diese Sparpläne lassen sich aussetzen, aufstocken oder auflösen.

Festgeld beispielsweise bietet Sicherheit, jedoch ist die Rendite in der Regel geringer als bei ETFs. Eine Anlage in Festgeld bietet den Vorteil, dass man für einen bestimmten – oft auch längeren Zeitpunkt – einen festen Zinssatz einkauft. Da die Zinsen fest vereinbart und garantiert sind, bietet das Festgeld eine hohe Planungssicherheit. Es eignet sich daher für diejenigen, die eine konservative, sichere Anlage zum Erhalt ihres Vermögens bevorzugen. Experten raten, sich nicht auf eine allzu lange Laufzeit festzulegen, sondern eine sogenannte Zinstreppe zu bauen. Das heißt: einen Teil des Geldes für ein Jahr als Festgeld anlegen und nach sechs Monaten wieder die Angebote checken und weiteres Geld für ein weiteres Jahr fest anlegen.

→ **Mehr über Geldanlagen** in Strategie 9

Web-Tipp

Es gibt zahlreiche Finanz-Newsletter, mit denen man sich über private Altersvorsorge informieren kann. Im kostenlosen Newsletter von Biallo (www.biallo.de), einem Online-Magazin für private Finanzen, werden immer wieder Tagesgeld-, Festgeld- und Girokonten verglichen. Das Finanzmagazin bietet Verbrauchern Orientierung und Entscheidungshilfen rund ums Geld.
<www.biallo.de>

Finanztip ist ein Online-Ratgeber für Verbraucher- und Finanzthemen. Die Redaktion vergleicht Tages- und Festgeldkonten, Versicherungen oder gibt Tipps zum Immobilienkauf. Finanztip gehört zur gemeinnützigen Finanztip Stiftung und arbeitet unabhängig. Zusätzlich bietet Finanztip einen kostenlosen Newsletter an. Das Unternehmen finanziert sich durch Affiliate-Links in den Artikeln, die zu empfohlenen Produkten führen und Provisionen generieren.
<www.finanztip.de>

Strategie 7: Was Sie bei einem Altersvorsorgegespräch erfahren (und was nicht)

Am 1. Januar 2037 werde ich in Rente gehen. Das Datum liegt für mich noch weit in der Zukunft. Wissen Sie, wie viel Rente Sie bekommen werden? Zwei Drittel der Deutschen können diese Frage nicht beantworten. Das ergab eine Studie des Vereins Deutsche Renteninformation und der Frankfurter Goethe-Universität.[61] Auch ich gehörte zu diesen zwei Dritteln. Deshalb hatte ich einen Termin für eine Altersvorsorgeberatung der Deutschen Rentenversicherung (DRV) gebucht.

Diese unabhängige Beratung ist gesetzlich sogar vorgeschrieben. Sie soll Menschen wie mir helfen, ihre finanzielle Zukunft besser zu planen. Es geht dabei nicht darum, den Menschen irgendwelche Versicherungen zu verkaufen, sondern mehr Durchblick im Dschungel der Altersvorsorge zu verschaffen. Bei der Rentenversicherung finden jährlich rund 3,8 Millionen Beratungsgespräche statt, darunter 12.500 Altersvorsorge-Intensivgespräche. Jeder kann diesen Service kostenlos nutzen und seine Fragen zur Rente stellen.

Wenige Wochen später stehe ich vor der Tür der Rentenversicherung, bereit für meinen Beratungstermin. Mit gemischten Gefühlen betrete ich das Bürogebäude. Einerseits wünsche ich mir Klarheit, andererseits fürchte ich mich vor unangenehmen Wahrheiten. Denn ich weiß: Je höher das Gehalt, desto besser wird auch die Rente ausfallen. Was aber, wenn man – so wie ich – 18 Jahre nur in Teilzeit gearbeitet hat? Auch wenn Frauen heutzutage besser ausgebildet sind und mehr verdienen als früher, bleibt das Armutsrisiko im Alter hoch. Wie viel Rente werde ich bekommen? Kann ich meine Altersvorsorge noch verbessern?

Gender Pension Gap

Die durchschnittliche Rente von Frauen beträgt **980** *Euro.*

Die durchschnittliche Rente von Männern beträgt **1.309** *Euro.*

Quelle: Statistisches Bundesamt, 2023. Durchschnittlicher Zahlbetrag der gesetzlichen Altersrenten in Deutschland von 1992 bis 2023. Statista Research Department.

Vorab habe ich mich informiert, dass Frauen in Deutschland aktuell im Durchschnitt eine Bruttorente von 980 Euro erhalten, Männer bekommen im Durchschnitt 1.309 Euro. Doch die Realität sieht oft noch düsterer aus: Jede vierte Frau muss mit nur 300 bis 600 Euro im Monat auskommen, und jede siebte Frau erhält sogar weniger als 300 Euro monatlich. Nur sehr wenige Frauen, nämlich 2,6 Prozent, beziehen eine Rente von 1.800 Euro. Es mag zwar etwas unangenehm sein, aber es ist wichtig, die Briefe der Rentenversicherung nicht einfach ungelesen abzuheften.[62]

Deshalb bin ich nun hier, um mich mit meiner Altersvorsorge auseinanderzusetzen.

Ich klopfe an die Tür, trete ein und setze mich an den Besprechungstisch. Mein Berater begrüßt mich und betont, wie wichtig es ist, sich frühzeitig einen Überblick über die finanzielle Situation im Alter zu verschaffen. Er erklärt, dass die Höhe der Rente direkt vom sozialversicherungspflichtigen Einkommen während des Arbeitslebens abhängt. Ich nicke und verarbeite die Information. »Leider reicht die gesetzliche Rente allein meist nicht aus, um den gewohnten Lebensstandard im Alter zu halten«, fügt er hinzu.

Na toll, denke ich.

Bislang hatte ich mir kaum Gedanken über eine mögliche Rentenlücke gemacht. Diese Lücke bezeichnet die Differenz zwischen dem letzten monatlichen Nettoeinkommen vor Renteneintritt und der voraussichtlichen gesetzlichen Rente. Fast jeder hat eine Rentenlücke. Deshalb betont die Bundesregierung seit einigen Jahren, dass jeder privat für das Alter vorsorgen sollte. Man darf die Dimension der eigenen Rentenlücke nicht unterschätzen. Denn der Betrag in der Renteninformation entspricht nicht dem, der später tatsächlich auf dem Konto landet.

Laut einer Umfrage der Versicherungsgesellschaft R+V gehen fast drei Viertel der Menschen in Deutschland davon aus, dass sie im Ruhestand eine erhebliche Rentenlücke haben werden. Bei den über 50-Jährigen rechnen sogar 65 Prozent damit, dass sie im Alter finanziell nicht über die Runden kommen werden. Warum das so ist und wie es zu dieser Rentenlücke kommt, habe ich Ihnen schon aufgezeigt.[63]

Ein Altersvorsorgegespräch ist bereits ab Mitte 40 sinnvoll. In der zweiten Hälfte des Berufslebens zeigt sich, welche Rentenansprüche man erwarten kann. Eine Vorhersage bleibt jedoch schwierig. Die Lebensumstände können sich jederzeit ändern – etwa durch Einkommensveränderungen, Krankheit oder Scheidung.

Zum Gespräch bringe ich meine aktuelle Renteninformation sowie Standmitteilungen über meine betriebliche Altersvorsorge und meine Riester-Rente mit.

»Sie haben bisher 25 Jahre in die Rentenkasse eingezahlt«, sagt der DRV-Berater. »Und Sie haben bisher eine monatliche Rente von etwa 1.200 Euro erwirtschaftet.« Diese Zahl trifft mich wie ein Schlag. 1.200 Euro? Davon soll ich im Alter leben? Allein die Höhe meiner Miete beträgt schon heute über 700 Euro. Der Berater bemerkt meine Besorgnis und fügt hinzu: »Es gibt Möglichkeiten, Ihre Rente zu erhöhen. Sie können zum Beispiel mehr arbeiten, freiwillige Beiträge einzahlen oder privat vorsorgen.«

Es lohnt sich auch, einmal einen Blick auf die Rückseite der Renteninformation zu werfen. Sie brauchen 45 Rentenpunkte, um eine einigermaßen gute Rente zu bekommen. 45 Punkte entsprechen in etwa einer Rente von 1.770 Euro. Verdient jemand genau den Durchschnittslohn, erhält er dafür pro Jahr einen Rentenpunkt, auch Entgeltpunkt genannt. Spitzenverdiener können maximal zwei Rentenpunkte pro Jahr bekommen. Liegt das eigene Einkommen höher oder niedriger, fällt der Rentenpunkt entsprechend über oder unter eins aus. Um einen Rentenpunkt gutgeschrieben zu bekommen, müssen Sie 50.493 Euro im Jahr verdienen (Stand 2025). Verdienen Sie nur die Hälfte, erhalten Sie einen halben Rentenpunkt.

Die meisten Frauen erreichen 45 Rentenpunkte nicht. Wer wenig verdient, hat kaum eine Chance, genügend Rentenpunkte zu sammeln.

Was, wenn ich früher in Rente gehen möchte?

Immer wieder hatte ich mit dem Gedanken gespielt, früher in Rente zu gehen. Viele Kolleginnen und Kollegen haben das so gemacht. Etwa die Hälfte der Bundesbürger geht vorzeitig in den Ruhestand. Relativ wenige arbeiten bis zu ihrer tatsächlichen Altersgrenze. Regulär müsste ich bis zum 67. Lebensjahr arbeiten. Doch nun wird mir erst bewusst, welche finanziellen Konsequenzen es hätte, wenn ich schon mit 65 Jahren in Rente gehen würde.

»Da müssen Sie mit Abschlägen rechnen«, sagt der Berater. Er zückt seinen Taschenrechner und erklärt, wie diese berechnet werden. Die Abschläge sind hoch. Und sie bleiben. Das heißt, die Rente fällt bis zum Lebensende geringer aus. Jeder Monat des vorgezogenen Rentenbeginns mindert die Rente um 0,3 Prozent. Das summiert sich schnell: Pro Jahr des vorzeitigen Rentenbezugs ergibt sich somit eine Minderung der Rente von 3,6 Prozent.

Frühestens könnte ich mit 63 Jahren in Rente gehen. Dazu müsste ich mindestens 35 Jahre Versicherungszeiten vorweisen – und auch Abschläge hinnehmen, nämlich 14,4 Prozent – das entspricht viermal 3,6 Prozent. Diese Rechnung zeigt mir: Ich werde nicht früher in Rente gehen können.

Der DRV-Berater verdeutlicht die Abschläge anhand eines Rechenbeispiels: Wer eine Rente von 1.200 Euro erwartet und drei Jahre früher in Rente gehen möchte, muss einen Abschlag von monatlich rund 130 Euro hinnehmen. Das heißt, die Rente läge nur noch bei etwa 1.070 Euro. Könnte ich 45 Beitragsjahre vorweisen, wäre ein abschlagfreier

Rentenbeginn mit 65 Jahren möglich. Allerdings werde ich – wie die meisten Frauen – keine 45 Jahre in der Rentenversicherung erreichen.

Der Rentenexperte überprüft, ob alle rentenrechtlichen Zeiten korrekt gespeichert sind. Die Geburt meiner großen Tochter ist erfasst, aber die Geburten der Zwillinge fehlen. Bei einem weiteren Termin kann ich die Geburtsurkunden nachreichen. »Sie können auch vor dem Gespräch online eine Kontenklärung beantragen«, rät er. So lassen sich alle eventuell übersehenen anrechnungsfähigen Zeiten erfassen. Ein vollständiges Versicherungskonto stellt sicher, dass die Rente später in der richtigen Höhe ausgezahlt wird.

Ab dem 43. Lebensjahr ruft die Rentenversicherung alle sechs Jahre zu einer Klärung des Rentenkontos auf – und das sollten Sie auch tun. Diese Klärung bietet zahlreiche Vorteile: Sie ermöglicht es, alle relevanten Nachweise direkt einzureichen. Andernfalls müssen Sie das kurz vor Renteneintritt nachholen, was oft mit der mühsamen Suche nach alten, möglicherweise verlorenen Dokumenten verbunden ist. Durch die frühzeitige Klärung sparen Sie Zeit und unnötigen Ärger.

Die Rentenversicherung belohnt Eltern, die den Großteil der Erziehung übernehmen, mit zusätzlichen Entgeltpunkten. Für jedes Kind, das nach 1992 geboren wurde, schreibt sie dem erziehenden Elternteil drei Entgeltpunkte gut. Bei Kindern, die vor 1992 geboren wurden, sind es 2,5 Punkte. Diese Punkte erhöhen die spätere Rente. Aktuell entsprechen drei Entgeltpunkte einer monatlichen Rente von 117,96 Euro.

Es gibt die Kinderberücksichtigungszeit, die bei mir noch nicht gespeichert war. Diese beginnt mit der Geburt eines Kindes und reicht bis zur Vollendung des 10. Lebensjahres. Sie zählt für die 35-jährige beziehungsweise 45-jährige Wartezeit. Haben Sie 35 oder sogar 45 Jahre an anrechenbaren Zeiten in der Rentenversicherung, dann können Sie früher in Rente gehen. Für die Altersrente für langjährige Versicherte brauchen Sie 35 Jahre, für die Altersrente für besonders langjährig Versicherte 45 Jahre. Die Anerkennung als rentenrechtliche Zeit hilft Frauen wie mir, später ohne Abschläge in Rente gehen zu können.

»Stellen Sie für die Kinderberücksichtigungszeit einen schriftlichen Antrag, den auch Ihr Partner unterschreiben muss«, betont der Berater. Haben Sie mehrere Kinder, beginnt die Kinderberücksichtigungszeit mit der Geburt des ersten Kindes und endet mit dem vollendeten 10. Lebensjahr des letzten Kindes.

Wie kann es sein, dass der Rentenversicherung so viele Zeiten unbekannt sind?

»Nicht alle Zeiten werden automatisch übermittelt«, erklärt der Rentenexperte. Zeiten der Schulausbildung oder der Kindererziehung erscheinen nicht von selbst auf dem Versicherungskonto – man muss sie erst beantragen. Die Rentenversicherung sendet dann einen aktuellen Versicherungsverlauf und weist auf mögliche Lücken hin. So kann jeder überprüfen, ob die gemeldeten Zeiten und Beträge korrekt sind. Und das sollte man auch tun.

Denn: Auch die Rentenversicherung macht Fehler: Pro Jahr legen etwa 150.000 Menschen Widerspruch gegen ihren Rentenbescheid ein. Deshalb ist es so wichtig, die Renteninformation und den Versicherungsverlauf genau zu lesen und möglichst vor Rentenbeginn alles zu klären.

In meinem Rentenverlauf fehlen noch die Nachweise über meine Schul- und Studienzeit. Zwar werden mir dafür keine Rentenpunkte gutgeschrieben, doch sie zählen als Anrechnungszeiten für die Wartezeiten. Es ist wichtig, dass diese Zeiten erfasst sind, insbesondere wenn man plant, früher in Rente zu gehen. Als Beleg für mein Studium sollte ich mein Studienbuch einreichen. Leider war es unauffindbar. Also wandte ich mich an die Universität und ließ mir einen Nachweis ausstellen.

Auch wer eine Ausbildung absolviert hat, sollte die Unterlagen zu diesem Beratungsgespräch mitbringen. Bis zu drei Jahre werden als Pflichtzeiten für die berufliche Ausbildung höher bewertet. Angerechnet wird nicht nur das Ausbildungsgehalt, sondern bis zu 75 Prozent des Durchschnittsverdiensts des jeweiligen Jahres. Auch für die Erfüllung der Wartezeit, etwa für die Rente ab 35 Jahren für langjährig Versicherte, ist es wichtig, dass auch Zeiten der schulischen Ausbildung mit bis zu acht Jahren berücksichtigt werden.

Nun hoffe ich auf gute Nachrichten über meine Riester-Rente, meine private Altersvorsorge. Die Auszahlung kann entweder als Einmalzahlung in Höhe von 30 Prozent des Gesamtkapitals oder als regelmäßige monatliche Rente erfolgen – oder auch als Kombination aus beidem. »Die Riester-Rente ist von Sozialabgaben befreit. Kranken- und Pflegeversicherungsbeiträge wurden bereits im Vorfeld entrichtet und fallen daher in der Auszahlungsphase nicht erneut an«, erläutert der Berater. Doch sie unterliegt der Steuerpflicht. Sobald Sie eine Altersrente beziehen, sind Ihre Einnahmen in der Regel niedriger und somit auch die Steuern auf Ihre Rente.

Zu einem Altersvorsorgegespräch können Versicherte auch private Sparpläne wie Fonds- oder ETF-Sparpläne oder andere private Rentenversicherungen mitbringen. Das Gespräch soll helfen, einen Überblick über die Finanzen und die Altersvorsorge zu bekommen.

Kurz sprechen wir das Thema Inflation an. Denn die Inflation wird die Kaufkraft schmälern. Der Rentenexperte betont, dass es sich bei allem nur um Modellrechnungen handelt. Bei Änderungen des Einkommens, der Familiensituation oder auch bei Arbeitslosigkeit kann sich der errechnete Betrag schnell ändern. Die jährliche Renteninformation ist lediglich eine Prognose. Die Zahlen basieren auf der Vergangenheit. Und niemand kann vorhersehen, was die Zukunft bringen wird.

Die Altersvorsorgeberatung war für mich wie ein Weckruf. Um finanziell im Alter abgesichert zu sein, muss ich mich aktiv kümmern – auch mit 50 Jahren noch. Es war gut, die verschiedenen Szenarien – früherer Rentenbeginn, Erwerbsminderungsrente, normale Altersrente – einmal genau durchzuspielen. Mein Fazit: Ich möchte im Ruhestand mehr Geld zur Verfügung haben. Die Renteninformation ist nur eine Prognose und die finanzielle Situation kann sich jederzeit ändern.

Mittlerweile habe ich meine Arbeitszeit aufgestockt und konnte schon bei der nächsten Renteninformation sehen, dass ich nun nicht nur mehr Gehalt bekomme, sondern auch meine Rente steigt.

Es ist nie zu früh oder zu spät, sich um die eigene finanzielle Zukunft zu kümmern. Es gibt auch Frauen, die noch im Alter von 60 Jahren richtig durchstarten. Solange Sie arbeiten, können Sie Ihre Situation verbessern. Die Beratung hat mir gezeigt, dass es für mich sehr schwierig wird, früher in Rente zu gehen – weil ich mir die hohen Abschläge einfach nicht leisten kann. Aber sie hat mir auch gezeigt, dass es Zeiten in meinem Leben gab, die noch gar nicht auf die Rente angerechnet waren. Ich bin froh, jetzt Klarheit zu haben, auch wenn vielleicht einige Illusionen zerplatzt sind.

Gewünscht hätte ich mir, dass noch mehr Möglichkeiten aufgezeigt werden, wie ich in meiner jetzigen Lebensphase für das Alter vorsorgen kann, auch welche Tücken eine betriebliche Altersvorsorge hat oder was ich später bei der Auszahlung der Riester-Rente beachten muss. All das erfährt man in diesem Beratungsgespräch nicht.

Und ich weiß immer noch nicht genau, wie viel Rente ich einmal bekommen werde. Das wird erst die Zukunft zeigen.

To-do-Liste für das Altersvorsorgegespräch

☐ Wenn Sie eine Beratung zum Thema Altersvorsorge bei der Deutschen Rentenversicherung wünschen, buchen Sie vorab einen Termin. Die Wartezeit für einen Termin beträgt derzeit einige Wochen. Die Experten der Deutschen Rentenversicherung sind bundesweit erreichbar unter der kostenfreien telefonischen Servicenummer 0800 1000 4800.

☐ Das sollten Sie zum Gespräch mitbringen:

- einen gültigen Personalausweis oder Reisepass
- die aktuelle Renteninformation
- die letzte Standmitteilung der Riester- oder der Rürup-Rente
- die letzte Standmitteilung der betrieblichen Altersvorsorge
- optional die Geburtsurkunden der Kinder
- Dokumente über Ihr Studium oder Ihre Berufsausbildung (Ausbildungsvertrag, Facharbeiterbrief, Gesellenbrief, Kaufmannsgehilfenbrief)
- Nachweise über Schul-, Fachschul-, Fachhochschul- und Hochschulzeiten ab Vollendung des 17. Lebensjahres, Umschulungen, sonstige berufliche Qualifikationen und Anlernverhältnisse.

☐ Notieren Sie alle Fragen, die Sie zum Thema Altersvorsorge haben, um diese im Gespräch zu klären.

Strategie 8: Hände auf für Geschenke vom Staat oder Arbeitgeber

Gut für das Alter vorzusorgen, bedeutet mehr, als einfach nur Geld zur Seite zu legen. Es geht auch darum, die vorhandenen Steuervorteile und Förderungen optimal zu nutzen, um das Beste aus Ihrem Vermögen herauszuholen. »Wird meine Rente ausreichen?« und »Werde ich später gut leben können?« sind Fragen, die viele Menschen beschäftigen. Doch die Angst vor Altersarmut muss nicht sein. Schon heute können Sie aktiv Ihre finanzielle Zukunft gestalten. In diesem Kapitel geht es um vermögenswirksame Leistungen, staatlich geförderte Rentenformen wie die Riester- und die Rürup-Rente, sowie die Steuererklärung – ich zeige Möglichkeiten auf, wie Sie (Rück-)Zahlungen und Zuschüsse vom Staat und/oder Arbeitgeber bekommen.

Wie funktioniert das Sparen mit vermögenswirksamen Leistungen?

Rund 35 Millionen Deutsche hätten Anspruch auf vermögenswirksame Leistungen (VL). Doch viele verzichten auf dieses zusätzliche Geld von Arbeitgeber und Staat, wie eine aktuelle Umfrage der Zeitung »Die Welt«[64] zeigte. Anfang 2024 wurden die Förderhöchstgrenzen hierfür verdoppelt, wodurch Millionen Bürger nun zusätzlich zulageberechtigt sind. Doch diese Änderung ist weitgehend unbekannt. »Milliarden Euro werden somit offenbar ungenutzt liegen gelassen. Dabei ist eine VL-Anlage praktisch für jeden lohnend«, schreibt der »Welt«-Autor Frank Stocker.

Vermögenswirksame Leistungen helfen Arbeitnehmern, Vermögen aufzubauen. Arbeitnehmer erhalten VL zusätzlich zum Grundgehalt, basierend auf dem Arbeitsvertrag, einem Tarifvertrag oder einer Betriebsvereinbarung. Arbeitnehmer können ihren Arbeitgeber bitten, Teile ihres Grundgehalts vermögenswirksam anzulegen. Dieser Betrag wird dann vom Grundgehalt abgezogen.

Im April 2024 befragte das Marktforschungsinstitut Forsa im Auftrag der Fondsgesellschaft Union Investment rund 1.000 Personen zu VL. 95 Prozent der Befragten gaben an, dieses Sparinstrument zu kennen, und 72 Prozent bestätigten, dass ihr Arbeitgeber entsprechende Leistungen anbiete. Doch 85 Prozent der Teilnehmer gestanden, nichts von einer Erhöhung der Fördergrenzen gehört zu haben.

Dabei sind vermögenswirksame Leistungen eine gute Möglichkeit, Geld zu sparen. Meistens betragen die Zahlungen zwischen 6 und 40 Euro. In einigen Branchen regelt ein Tarifvertrag die VL-Zahlung. Das hört sich im ersten Moment nach wenig an, aber auch kleine Beträge können helfen, ein Vermögen aufzubauen.

Auch ohne zusätzliche Gelder vom Arbeitgeber können Sie von VL profitieren. Das lohnt sich, wenn Sie Anspruch auf die Arbeitnehmersparzulage und/oder die Wohnungsbauprämie haben, die Ihnen sonst entgehen würde. Ein Arbeitnehmer hat Anspruch auf die Arbeitnehmersparzulage, wenn sein zu versteuerndes Einkommen 40.000 Euro bei Alleinstehenden und 80.000 Euro bei Zusammenveranlagung nicht überschreitet. Beantragen Sie die Sparzulage jährlich mit der Einkommenssteuererklärung beim Finanzamt.

Die Wohnungsbauprämie beläuft sich jährlich auf 10 Prozent Ihrer Sparleistung im Bausparvertrag, maximal aber 70 Euro als Singles und 140 Euro für verheiratete Paare. Um die Prämie zu erhalten, darf das zu versteuernde Jahreseinkommen als Single 35.000 Euro oder bei verheirateten Paaren 70.000 Euro nicht überschreiten.

Auch wenn der Arbeitgeber keinen Zuschuss zu den vermögenswirksamen Leistungen zahlt, ist er verpflichtet, die Überweisung vor Steuern für die Arbeitnehmerin oder den Arbeitnehmer vorzunehmen. Er zieht den Sparbetrag vom Nettoverdienst ab und überweist ihn direkt in die gewünschte Sparform.

Die Arbeitnehmersparzulage beträgt 20 Prozent und kann bis zu 80 Euro jährlich erreichen, sofern die vermögenswirksamen Leistungen in einen Aktienfonds- oder ETF-Sparplan investiert werden. Hierfür muss der Beschäftigte selbst mindestens 400 Euro pro Jahr beisteuern, was monatlich etwa 33,33 Euro oder gerundet 34 Euro entspricht, und das über einen Zeitraum von sechs Jahren hinweg.

Im siebten Jahr ruht die Geldanlage, bevor der Arbeitnehmer frei darüber verfügen kann. Um nicht auf die Einzahlungen des Arbeitgebers zu verzichten, kann man bereits nach dem sechsten Jahr einen neuen Vertrag abschließen.

Einen VL-Vertrag vorzeitig zu beenden, ist nicht ratsam. Erhaltene Prämien müssen nämlich dann zurückgezahlt werden. Auch die Abschlussgebühren der Bausparverträge wirken sich negativ aus, wenn man vor den 7 Jahren an sein Geld kommen möchte. Manchmal ist es sogar möglich, den VL-Vertrag aufzustocken und bis zu 100 Euro monatlich einzuzahlen. In jedem Fall sollte man sich vorab gut informieren und beraten lassen.

Wie können Sie vermögenswirksame Leistungen anlegen?

Es gibt verschiedene Optionen, wie Sie VL nutzen können. Dazu gehören die laufende Baufinanzierung, ein Bausparvertrag, ein Banksparplan oder ein Aktienfonds- oder ETF-Sparplan. Nach Berechnungen von Finanztip ist bei einem Sparplan, der in einen weltweit gestreuten Aktien-ETF wie den MSCI World investiert, eine durchschnittliche Rendite von 6 Prozent nach Kosten pro Jahr möglich.

Bei einem Banksparplan werden die Zinsen im Vorfeld fest vereinbart. Allerdings gibt es bei dieser Sparform keine Arbeitnehmersparzulage, so die BaFin. Eine Anlage in einen Banksparplan kann sinnvoll sein, wenn Sie eine sichere Anlageform bevorzugen, bei der keine Kapitalverluste eintreten.

Die gängigste Sparform ist derzeit ein Fonds- oder ETF-Sparplan. Dieser verursacht Kosten. Daher sollten Sie sich im Vorfeld gut informieren und Kosten vergleichen.

Wenn Sie bereits eine Immobilie finanzieren, können Sie vermögenswirksame Leistungen auch zur Entschuldung Ihres Wohneigentums nutzen. Es gibt zwei Möglichkeiten: Zum einen können Sie einen Teil Ihrer eigenen Zahlungen durch VL ersetzen. In diesem Fall bleibt Ihre monatliche Rate unverändert, nur Ihre persönliche Belastung verringert sich. Zum anderen haben Sie die Möglichkeit, Ihre Rate um die VL zu erhöhen, wodurch Sie den Kredit schneller tilgen können.

Selbst kleine Sparbeiträge, unabhängig davon, ob sie vom Arbeitgeber oder aus eigener Tasche stammen, sollten nicht unterschätzt werden. Im Laufe der Zeit addieren sich auch diese Beträge zu einem beachtlichen Vermögen, insbesondere wenn man noch genügend Zeit hat, bis das Geld benötigt wird.

Web-Tipp

Mehr Informationen über vermögenswirksame Leistungen, die Arbeitnehmersparzulage und die Wohnungsbauprämie findet man auf der Internetseite der Bundesanstalt für Finanzdienstleistungsaufsicht (BaFin): *<www.bafin.de>*

<https://www.bafin.de/DE/Verbraucher/GeldanlageWertpapiere/Produkte/VermoegenswirksameLeistungen/VermoegenswirksameLeistungen_node.htm>

To-do-Liste für vermögenswirksame Leistungen

☐ Erkundigen Sie sich bei Ihrem Arbeitgeber, ob Sie vermögenswirksame Leistungen (VL) erhalten können.

☐ Prüfen Sie, ob Sie zusätzlich eine staatliche Förderung erhalten können, zum Beispiel die Arbeitnehmersparzulage.

☐ Bei VL gibt es keine Obergrenze. Sie können nachfragen, ob Ihr Arbeitgeber bereit ist, mehr als 40 Euro zu bezahlen.

☐ Gewinne aus der VL-Anlage unterliegen wie andere erwirtschaftete Kapitalerträge der Steuerpflicht. Vergessen Sie daher nicht, einen Freistellungsauftrag bei Ihrem VL-Anbieter einzurichten.

☐ Achten Sie darauf, dass alle Ihre Freistellungsaufträge zusammen die erlaubte Höchstsumme nicht überschreiten. Seit 2023 beträgt diese 1.000 Euro. Bis zu diesem Betrag pro Jahr sind Ihre Kapitalerträge steuerfrei.

☐ Es ist auch möglich, VL in die betriebliche Altersvorsorge einzuzahlen. Erkundigen Sie sich in Ihrer Personalabteilung über die Vor- und Nachteile dieser Option, um eine fundierte Entscheidung zu treffen.

☐ Selbst wenn Ihr Arbeitgeber keinen Beitrag zu den vermögenswirksamen Leistungen zahlt, muss er die Überweisung für Sie vornehmen. Er ist jedoch nicht verpflichtet, diese Zahlung zu bezuschussen.

Was ist die Riester-Rente und für wen ist sie geeignet?

Stellen Sie sich vor, Sie sitzen mit einer Freundin in einem Café und sind vertieft in ein Gespräch über Altersvorsorge. Da kommt das Thema auf die Riester-Rente. Sie ist wie ein Sparschwein mit Turbo, das die rot-grüne Regierung 2002 aus dem Hut gezaubert hat. Allerdings gibt es auch immer wieder Kritik an dieser Form der kapitalgedeckten Altersvorsorge. Doch wir alle sind aufgefordert, privat für das Alter vorzusorgen, wenn wir später entspannt die Füße hochlegen oder die Welt bereisen wollen. Dafür wurde die Riester-Rente eingeführt – eine staatlich geförderte private Vorsorge für den Ruhestand.

Mitmachen kann fast jeder, die Teilnahme ist aber freiwillig. Der Staat ist quasi Ihr Partner bei der Beitragszahlung. Er gibt Ihnen Zuschüsse und sorgt dafür, dass Sie auch steuerlich ein bisschen Luft haben, damit das Sparen nicht zur Last wird. So wird es leichter, die Rentenlücke zu schließen und mit einem guten Gefühl in die Zukunft zu schauen. Klingt doch nach einem Plan, oder?

Sie können Ihre Riester-Rente bei verschiedenen Anbietern, auch bei Banken und Versicherungen, abschließen. Achten Sie darauf, dass der Vertrag zertifiziert ist, denn nur dann erhalten Sie die staatliche Förderung. Die Beiträge zur Riester-Rente können Sie als Sonderausgaben bei der Steuer angeben – bis zu 2.100 Euro pro Jahr. Dafür müssen Sie die »Anlage AV« mit der Steuererklärung einreichen. Um die volle Förderung zu erhalten, müssen Sparer 4 Prozent ihres Vorjahreseinkommens investieren. Alles, was Sie darüber hinaus einzahlen, ist zwar gut fürs Sparbuch, wird aber nicht weiter vom Staat gefördert.

In Deutschland haben über 15,5 Millionen Menschen einen Riester-Vertrag (Stand 2023). Frauen schließen mit 28 Prozent häufiger Riester-Verträge ab als Männer mit 23 Prozent. Besonders attraktiv ist diese Form der Altersvorsorge, wenn Kinder ins Spiel kommen. Seit 2018 gibt es pro Kopf eine jährliche Grundzulage von 175 Euro, sozusagen der staatliche Applaus für Ihr Sparverhalten. Für Kinder gibt es noch einen Extra-Bonus: Für Nachwuchs, der vor 2008 geboren wurde, gibt es 185 Euro, und für die jüngeren Sprösslinge sogar 300 Euro.

Allerdings weist die unabhängige Finanzberaterin Judit Maertsch darauf hin, dass es wichtig ist, jedes Jahr zu überprüfen, ob man die Zulagen in voller Höhe erhalten hat und ob die beim Versicherer gespeicherten Daten noch ihre Richtigkeit haben. Denn nur, wenn alle Daten korrekt gemeldet sind, erhalten Sie die volle Förderung.

Hannelore Haller, früher Bürokauffrau, schloss mit Mitte 40 einen Riester-Vertrag ab. Monat für Monat zahlte sie Beträge zwischen 30 und 56 Euro in die Versicherung ein – und sie erhielt dafür gelegentlich staatliche Zulagen. Kontrolliert hat sie das allerdings nicht, gesteht sie im Gespräch. Als sie in Rente ging, war die Enttäuschung groß: Sie ärgerte sich über die mickrige Auszahlung von nur 30 Euro Rente pro Monat, nachdem sie 30 Prozent des Ersparten als Direktauszahlung erhalten hatte. Mit einem bitteren Lächeln rechnete sie vor, dass sie ihrer Meinung nach mindestens 100 Jahre alt werden müsste, um ihr in den Vertrag eingezahltes Geld wieder zurückzuerhalten.

Ein Blick auf ihren Vertragsverlauf zeigt, dass ihre Zulagen nicht immer gutgeschrieben, sondern gekürzt oder gestrichen wurden. Um Klarheit zu erhalten, hätte sie bei der Zentralen Zulagenstelle für Altersvermögen (ZfA) einen Antrag stellen müssen. Das klingt so bürokratisch, wie es ist. Nur dort können Sparer bei Unklarheiten Einspruch einlegen. Wichtig ist, die Fristen im Auge zu behalten. Verpasst man sie, sind Korrekturen nicht mehr möglich. Bei Hannelore Haller war die Frist längst verjährt.

Was ist der Haken an der Riester-Rente?

Viele Banken und Versicherungen bieten mittlerweile gar keine Riester-Produkte mehr für Neukunden an und betreuen nur noch Altverträge. Kaum jemand schließt mehr Verträge ab, die Zahl der Versicherungsverträge ist seit sieben Jahren rückläufig.

»Die Riester-Rente ist ein Desaster«, sagte Hermann-Josef Tenhagen, Geschäftsführer von Finanztip, in einem Interview mit der »Süddeutschen Zeitung«.[65] »Trotz der enormen Summen an Steuergeldern, die wir in dieses Modell pumpen«, fügte er hinzu. Finanztip forderte aktuelle Daten zu den Riester-Verträgen beim Bundessozialministerium, Bundesfinanzministerium sowie bei der Deutschen Rentenversicherung an.

Das Ergebnis war ernüchternd: 4,6 Millionen Verträge, fast ein Viertel der bis Ende 2023 abgeschlossenen 20,1 Millionen Riester-Verträge, existieren nicht mehr. Diese Verträge wurden vermutlich in den meisten Fällen gekündigt, »förderschädlich beendet«, wie es im Amtsdeutsch heißt. Das heißt, dass die Anleger alle Gebühren bezahlen und die Zulagen sogar zurückzahlen mussten.

Die Auflösung eines Riester-Vertrags brachte den Sparern in den letzten drei Jahren durchschnittlich einen Verlust von fast 1900 Euro pro Vertrag ein, so Finanztip.

Anna Pöllath, unabhängige Versicherungsmaklerin, rät ihren Kunden, ihre Riester-Verträge nicht zu kündigen, auch wenn sie nicht mehr von Riester überzeugt sind. Sie empfiehlt, die Verträge beitragsfrei zu stellen oder den jährlichen Sockelbetrag von 60 Euro zu zahlen. »So bleibt das Geld inklusive der staatlichen Förderungen erhalten und der Kunde bekommt es im Rentenalter«, erklärt Pöllath.

Warum ist die Riester-Rente kritisch zu sehen?

Die Riester-Rente wird von vielen Experten kritisiert. Die Finanzexpertin Judit Maertsch bemängelt im Gespräch, dass sie in den meisten Fällen »zu teuer, zu kompliziert und wenig attraktiv für die Versicherten ist«. Besonders ärgerlich seien die hohen Abschluss- und Verwaltungsgebühren, die die Zulagen zum Teil aufzehren. Allerdings gibt es genau diese Gebühren auch bei anderen Versicherungen, zum Beispiel der betrieblichen Altersvorsorge. Zudem wird das Geld bei vielen Verträgen kaum rentabel angelegt, sodass die Rendite ausbleibt.

Hinzu kommt, dass die Versicherungen so rechnen, als ob wir alle ewig leben würden. Hannelore Haller müsste tatsächlich mindestens 87 Jahre alt werden, um ihr eigenes Geld wieder hereinzukriegen. Die Versicherung müsste ihre Rente allerdings auch weiterbezahlen, wenn sie noch zehn Jahre länger lebt, also 97 Jahre alt wird. Leider sind all diese Details in den Standmitteilungen der Versicherungen oft wenig verständlich erklärt. Die Kunden sehen nicht, welche Kosten angefallen sind oder wie viel Rendite das Geld erzielt hat. »Da hilft nur, direkt bei den Versicherungen nachzufragen, um Klarheit zu bekommen«, rät Finanzexpertin Maertsch.

Von einem Riester-Vertrag sollte man auch bei der Auszahlung nicht allzu viel erwarten, zu diesem Ergebnis kam eine Studie des Deutschen Instituts für Wirtschaftsforschung.[66] Im Jahr 2020 erhielten laut Angaben des Sozio-oekonomischen Panels (SOEP)[67] etwa 300.000 Personen eine Rente aus einem Riester-Vertrag. Diese Renten betrugen im Durchschnitt 83 Euro brutto pro Monat. Der Medianwert lag bei 60 Euro monatlich.

Im Alterssicherungsbericht 2024 der Bundesregierung gibt es neue Zahlen: So haben mittlerweile mehr als eine Million Personen eine Auszahlung aus einem geförderten Riester-Vertrag erhalten. Ausgezahlt werden im Durchschnitt knapp 132 Euro im Monat. Etwa 65 Prozent der Personen mit einem eigenen Riester-Vertrag erhielten 2022 weniger als 1.000 Euro im Jahr, also 83 Euro im Monat. Aktuell weisen die ausgezahlten Riester-Verträge noch relativ kurze Ansparphasen von maximal 20 Jahren auf.[68]

Auch beim Riestern haben die Männer in Deutschland die Nase vorn: Männer erhielten im Jahr 2020 mit rund 100 Euro pro Monat eine rund doppelt so hohe Riester-Rente wie Frauen (55 Euro). Allerdings lag bei den Untersuchten die Ansparphase auch nur bei etwa 20 Jahren. Mittlerweile können Riester-Sparer auf eine höhere Auszahlsumme hoffen.

Je höher die berufliche Position, desto häufiger schließen Menschen einen Riester-Vertrag ab, auch das zeigt die Untersuchung des SOEP. Beispielsweise besitzen 42 Prozent der Angestellten mit Führungsaufgaben einen Riester-Vertrag. Bei ungelernten Arbeiterinnen und Arbeitern sind es nur 11 Prozent. Unter Arbeitslosen liegt die Verbreitung bei 10 Prozent. Das Einkommen spielt also eine entscheidende Rolle. Die Untersuchung zeigt auch, dass Geringverdiener seltener eine Riester-Rente abschließen.[69]

Müssen Sie auf die Riester-Rente Steuern zahlen?

Viele Menschen, die eine Riester-Rente abschließen, wissen nicht, dass sie im Alter Steuern auf die Leistungen zahlen müssen. Dies verringert den Ertrag. »Deshalb ist es wichtig, sich noch vor der Auszahlung gut beraten zu lassen«, sagt Maertsch. Während der Ansparphase profitieren Riester-Sparer von steuerlichen Vorteilen. Die nachgelagerte Besteuerung, also die Besteuerung im Alter, bietet für die meisten Sparer sogar einen Vorteil. Denn im Alter ist der persönliche Steuersatz in der Regel geringer, wodurch weniger Steuern anfallen als zum Zeitpunkt der Einzahlungen.

Ist ein Riester-Vertrag vererbbar?

Die Finanzexpertin Judit Maertsch erklärt, dass Sparer bei einem geförderten Fonds- oder Banksparplan ihr angespartes Kapital an den Ehepartner vererben können. Wenn der Sparer oder die Sparerin vor Rentenbeginn verstirbt, besteht die Möglichkeit, das bisherige Guthaben zusammen mit den erhaltenen Zulagen und Steuervorteilen auf den Riester-Vertrag des Ehepartners zu übertragen, sofern dieser vorhanden ist. Falls kein Ehepartner vorhanden ist, erhalten die Erben lediglich die eingezahlten Beiträge, abzüglich der staatlichen Zulagen.

Während der Auszahlungsphase endet die Rentenzahlung, wenn der Sparer verstirbt und keine Rentengarantiezeit vereinbart wurde. In diesem Fall gehen die Erben leer aus. Es ist wichtig, die anbieterspezifischen Vertragsbedingungen einer Riester-Versicherung zu beachten. Nachdem die Rentenzahlung begonnen hat, sind keine weiteren Änderungen mehr möglich. Es wird daher dringend empfohlen, sich vor der Auszahlungsphase unbedingt beraten zu lassen.

To-do-Liste für die Riester-Rente

Sie haben bereits eine Riester-Rente:

☐ Lassen Sie sich beraten, zum Beispiel bei den Verbraucherzentralen oder einer unabhängigen Finanzberatung, ob und in welcher Höhe weitere Einzahlungen sinnvoll sind.

☐ Ein Riester-Vertrag lohnt sich wegen der Zulagen und bei hoher Steuerlast. Welche Förderung mehr bringt, prüft das Finanzamt mit der Steuererklärung und der »Anlage AV«.

☐ In jedem Fall lohnt sich die Riester-Rente, wenn Sie Kinder haben und für diese noch Zulagen kassieren können. Bei einer Frau mit drei Kindern bezahlt der Staat im Jahr etwa 1.000 Euro in die Altersvorsorge. Diese Unterstützung sollten Sie nutzen.

☐ Kontrollieren Sie jedes Jahr in der Standmitteilung, ob Sie alle Zulagen bekommen haben. Stellen Sie hierfür einen Dauerzulageantrag.

☐ Überprüfen Sie die Vertragskosten. Wenn diese hoch sind, sprechen Sie mit Ihrer Bankberaterin über einen Wechsel zu einem günstigeren Produkt. Beachten Sie jedoch, dass es nur eine begrenzte Auswahl an Riester-Produkten gibt.

☐ Einen Riester-Vertrag aufzulösen, lohnt sich selten, da hohe Kosten anfallen. Sie können ihn jedoch ruhen lassen.

☐ Schon ab 5 Euro monatlich kommen Sie in den Genuss der maximalen Förderung. Riester kann sich besonders für Geringverdienerinnen lohnen.

☐ Ältere Sparer sollten Produkte mit geringen Kosten auswählen.

☐ Wie hoch ist Ihr garantierter Zinssatz? Wenn das nicht ersichtlich ist, fragen Sie nach. Laut der Verbraucherzentrale liegt der Zins für neue Vertragsabschlüsse nur noch bei 0,25 Prozent.[70]

☐ Wie entwickelt sich das Produkt, in das Sie einzahlen? Nicht jedes staatlich geförderte Produkt ist automatisch rentabel. Ein Produktwechsel ist möglich, aber mit Kosten verbunden.

Sie haben bisher keine Riester-Rente:

☐ Wenn Sie bisher keinen Riester-Vertrag haben, lohnt es sich meist nicht, im Alter von über 50 Jahren einen Vertrag neu abzuschließen.

☐ Ausnahme: Wenn Sie Single sind und gut verdienen, könnte eine Riester-Rente aufgrund der Steuerersparnisse noch interessant sein. Lassen Sie sich dazu von einer unabhängigen Finanzberaterin beraten.

☐ Warten Sie auf die Pläne der Bundesregierung und investieren Sie in die eventuell kommende Aktienrente.

Web-Tipp

Auf der offiziellen Internetseite der Riester-Rente finden Nutzer alle Informationen zu dieser Form der privaten Altersvorsorge. Sie erfahren, wie hoch die Zulagen und die Kinderzulage sind. Die Seite beantwortet auch, für wen die Riester-Rente geeignet ist und was bei einer Kündigung des Riester-Vertrags passiert.
<www.riester.deutsche-rentenversicherung.de>

Was ist die Rürup-Rente und für wen ist sie geeignet?

Die Rürup-Rente wurde 2005 eingeführt und ist nach dem deutschen Wirtschafts- und Sozialexperten Bert Rürup benannt. Ursprünglich war sie eine Rettungsleine für Selbstständige und Freiberufler, die nach einer Möglichkeit suchten, mit staatlicher Unterstützung für ihren Ruhestand vorzusorgen, da andere Optionen wie die betriebliche Altersvorsorge oder die Riester-Rente für sie oft nicht zugänglich waren.

Bei der Rürup-Rente entscheiden Sie, ob Sie in eine Versicherung investieren oder einen Fondssparplan wählen. Der Vorteil? Sie sparen erheblich Steuern. Das Finanzamt erkennt einen Großteil der Beiträge als Sonderausgaben an. Dadurch sinkt Ihr zu versteuerndes Einkommen, und Sie reduzieren Ihre Steuerlast.

Für wen ist die Rürup-Rente geeignet?

Wenn Sie noch keine Beiträge in die gesetzliche Rentenversicherung oder ein Versorgungswerk einzahlen, können Sie die Rürup-Rente in Betracht ziehen. Vor allem für Freiberufler und Selbstständige kann eine solche Rente sinnvoll sein. Im Jahr 2025 können Sie bis zu 29.344 Euro steuerlich absetzen, wenn Sie Single sind, und 58.688 Euro, wenn Sie verheiratet sind. Das bedeutet, je mehr Sie verdienen, desto größer ist der Steuervorteil, den Sie genießen können.

Das ist der größte Pluspunkt dieser Art der Altersvorsorge!

Im Vergleich zu Riester-Sparern haben Sie bei der Rürup-Rente mehr Freiheit. Sie können auf eine Garantie verzichten und Ihr Geld in Aktienfonds investieren, wenn Sie das möchten. Bei der Riester-Rente sind die eingezahlten Eigenbeträge und die staatlichen Zulagen bei Renteneintritt garantiert. Genau diese Garantie macht viele Riester-Verträge unrentabel, denn die Anbieter müssen das Geld risikoarm anlegen.

Ein weiterer Vorteil der Rürup-Rente: Wenn Sie in finanzielle Schwierigkeiten geraten und Arbeitslosengeld II beantragen müssen, wird Ihr Rürup-Vertrag nicht als Vermögen gewertet. Er bietet sogar einen Insolvenzschutz. Diese Regelung sorgt in Krisenzeiten für zusätzliche Sicherheit.

Was sind die Nachteile der Rürup-Rente?

Diese Rente unterliegt, ähnlich wie die gesetzliche Rente, einer nachgelagerten Besteuerung. Erst wenn Sie Ihre Rente beziehen, klopft das Finanzamt an die Tür. Ihre Rentenzahlungen werden dann mit Ihrem persönlichen Einkommensteuersatz verrechnet.

Der größte Nachteil jedoch ist die fehlende Flexibilität. Einmal eingezahlt, kommen Sie nicht mehr an Ihr Geld heran.

Die Verbraucherzentrale Hamburg beschreibt die Rürup-Rente als »ein sehr teures und extrem unflexibles Produkt für die private Altersvorsorge. Sie eignet sich in der Regel nicht als Alternative zur gesetzlichen Rentenversicherung für Selbstständige. Auch für Gutverdiener, die ihre Altersvorsorge aufbessern möchten, ist sie nur selten geeignet.«[71]

Für Rürup-Verträge werden meist hohe Abschluss-, Vertrags- und Verwaltungskosten fällig, aber das ist bei fast allen Altersvorsorgeprodukten der Fall. In der Auszahlphase erhält man sein Geld immer als monatliche Rente, eine Einmalauszahlung ist nicht möglich. Der Rürup-Vertrag ist nicht auf eine andere Person übertragbar und nicht vererbbar. Gemäß den gesetzlichen Bestimmungen ist eine Todesfallleistung nur in Form einer lebenslangen Rente an den Ehegatten oder den eingetragenen Lebenspartner beziehungsweise als Waisenrente an kindergeldberechtigte Kinder möglich. Dieser Zusatz kostet jedoch extra und mindert somit die zu erwartende Rendite. Sobald die Rentengarantiezeit abgelaufen ist und der Versicherte danach verstirbt, erlöschen jegliche Auszahlungen an die Erben.[72]

Die fondsgebundenen Rürup-Rentenversicherungen sind meist mit hohen Kosten verbunden. Zu viel Geld landet beim Versicherer und nicht beim Sparer.

Kann man eine Rürup-Rente kündigen?

Die Antwort ist ernüchternd: Sie können die Rürup-Rente nicht kündigen. Grundsätzlich müssen Sie bis zum Renteneintritt Beiträge bezahlen. Sie können diese reduzieren, wenn Sie Ihr Geld anderweitig einsetzen möchten. Wie stark Sie die Zahlungen kürzen können, hängt von Ihrem Vertrag ab. Oftmals gibt es einen festgelegten Mindestbetrag für die monatlichen Beiträge. Sie sind also ein Leben lang mit dieser Altersvorsorge verbunden, können sie aber beitragsfrei stellen. Daher sollten Sie sich vor Abschluss mit den Vor- und Nachteilen beschäftigen. Denn: Eine geringere Einzahlung kann Ihre Altersvorsorge weniger attraktiv machen. Die laufenden Kosten bleiben bestehen, auch wenn Sie weniger einzahlen.

Die Rürup-Rente in aller Kürze

- Die Basisrente, bekannt als Rürup-Rente, bietet eine staatlich geförderte private Altersvorsorge.
- Wie bei der gesetzlichen Rentenversicherung können Beitragszahler ihre Einzahlungen steuerlich absetzen, doch im Ruhestand sind die Auszahlungen steuerpflichtig.
- Besonders für Selbstständige ohne gesetzliche Absicherung ist die Rürup-Rente geeignet.
- Ein Rürup-Vertrag lässt sich nicht kündigen und ist somit unflexibel. Prüfen Sie daher, ob ein Abschluss für Sie sinnvoll ist.
- Die Rente wird frühestens ab Vollendung des 60. Lebensjahres in monatlichen Raten ausgezahlt.

To-Do-Liste für die Rürup-Rente

Sie haben bereits einen Rürup-Vertrag:

- ☐ Je höher Ihr Einkommen und Steuersatz und je mehr Geld Sie in den Vertrag investieren, desto lohnender wird Rürup für Sie.
- ☐ Prüfen Sie, ob und unter welchen Bedingungen Sie den Anbieter wechseln können und ob das für Sie vorteilhaft wäre.
- ☐ Sollten Sie in eine finanzielle Krise geraten und Bürgergeld beantragen, zählt Ihr Rürup-Vertrag nicht als Vermögen. Ein Wertpapierdepot müssen sie hingegen erst aufbrauchen, bevor sie Zahlungen erhalten.

Sie haben noch keine Rürup-Rente:

- ☐ Vor allem für Selbstständige ohne gesetzliche Absicherung kann eine Rürup-Rente sinnvoll sein.
- ☐ Ein Rürup-Vertrag ist unkündbar und daher unflexibel. Überlegen Sie sich gut, ob Sie einen solchen Vertrag abschließen möchten.
- ☐ Klären Sie, ob flexible Beitragszahlungen möglich sind und wie diese gestaltet werden können.
- ☐ Informieren Sie sich über die Renditeerwartungen und vergleichen Sie diese mit anderen Anlagemöglichkeiten.
- ☐ Bewerten Sie, ob sich die Steuerersparnis in Ihrer individuellen Situation lohnt.
- ☐ Erfragen Sie, ob Einmalzahlungen möglich sind und welche Bedingungen dafür gelten.

☐ Überlegen Sie, ob eine Beitragsgarantie für Sie wichtig ist und ob diese angeboten wird.

☐ Analysieren Sie die Kosten des Vertrags, einschließlich Verwaltungsgebühren und Provisionen. Ziehen Sie hierzu eine unabhängige Finanzberaterin der Verbraucherzentralen hinzu.

☐ Überprüfen Sie, welche Anlagemöglichkeiten (zum Beispiel Aktienfonds oder ETFs) zur Verfügung stehen und ob diese zu Ihrem Risikoprofil passen.

Web-Tipp

Stiftung Warentest hat 23 Rürup-Produkte getestet und nur zwei davon für gut befunden. Dafür wurden sieben klassische Rürup-Rentenversicherungen und 16 Rürup-Fondspolicen bewertet. Beide Gruppen haben einen klaren Testsieger. Untersucht wurden unter anderem Produkte von Allianz, Condor, Europa und HanseMerkur.
<https://www.test.de/Ruerup-Rente-im-Vergleich-5093860–0/>

Denken Sie jedes Jahr an die Steuererklärung?

Rund 12 Millionen Menschen in Deutschland verzichten darauf, eine Steuererklärung abzugeben – obwohl sie im Durchschnitt über 1.000 Euro pro Jahr vom Staat zurückbekommen könnten. Das hat das Statistische Bundesamt ermittelt.[73] Ein möglicher Grund dafür ist die komplizierte Behördensprache. Laut einer Umfrage im Auftrag der Finanzplattform für Steuern Taxfix haben 44 Prozent der Befragten Angst, Fehler zu machen. 23 Prozent geben an, deshalb keine Steuererklärung abzugeben – und verzichten so auf viel Geld.

Es ist ärgerlich, wenn Sie Ihre Steuererklärung machen und weniger herausholen, als es möglich wäre, weil Sie nicht genau wissen, was man absetzen darf und was nicht. Aber lieber wenig zurückerhalten als gar nichts.

Dazu hier ein paar Beispiele, was absetzbar ist.

Die Kosten für den Arbeitsweg (nur den Hinweg) lassen sich über die Pendlerpauschale als Werbungskosten absetzen. In der Regel zählt die kürzeste Straßenverbindung nach Kilometern. Doch was, wenn man einen längeren, aber verkehrsgünstigeren Weg wählt, etwa schneller um die Innenstadt herum statt mitten hindurch, um Staus zu vermeiden? Auch diesen Weg können Sie angeben und so mehr Kilometer absetzen. Das kann sich lohnen: Schon 20 Kilometer einfacher Fahrtweg reichen oft aus, um die Werbungskostenpauschale von 1.230 Euro zu überschreiten – und somit Geld zurückzubekommen.

Selbst private Telefon-, Handy- und Internetanschlüsse können Sie steuerlich geltend machen, wenn Sie diese auch beruflich nutzen. Pauschal sind hier 20 Prozent der monatlichen Ausgaben als Werbungskosten absetzbar, jedoch maximal 20 Euro. Diese Möglichkeit wird – wie viele andere – oft übersehen. Sie können eine höhere Pauschale ansetzen, wenn Sie viel im Homeoffice arbeiten, also statt 20 Prozent gleich 50 Prozent. Falls das Finanzamt nachfragt, müssen Sie dies allerdings mit einem Nutzungstagebuch für drei Beispielmonate belegen, führt Finanztip aus.

Sie können nahezu alle Arbeitsmittel wie Möbel, Geräte, Fachbücher und Arbeitskleidung absetzen, wenn Sie diese zumindest teilweise beruflich nutzen. Dazu gehören Bürostühle, Schreibtische, Computer, Bücherregale, Drucker, externe Monitore für den Laptop sowie Smartphones und Fernseher.

Auch ohne Ausgaben für Arbeitsmittel können Steuerzahler pauschal 110 Euro absetzen. Diese Pauschale steht zwar nicht im Gesetz, doch die meisten Finanzämter akzeptieren sie, außer in Sachsen. Im schlimmsten Fall verlangt das Finanzamt Belege. Fehlen diese, lehnt es den Posten ab. Bewahren Sie daher Kaufbelege auf, um dem Finanzamt Nachweise zu liefern.

Bei haushaltsnahen Dienstleistungen und Handwerkerkosten können Sie alles angeben, was eine Person für Sie erledigt – also vor allem Arbeits- und Fahrtzeit, jedoch keine Materialkosten. Voraussetzung ist, dass eine Rechnung vorliegt und Sie per Überweisung bezahlt haben.

To-do-Liste für die jährliche Lohnsteuererklärung

☐ Unterlagen sammeln:
- Lohnsteuerbescheinigung vom Arbeitgeber
- Bescheinigungen über erhaltene Sozialleistungen
- Nachweise über weitere Einkünfte (zum Beispiel Mieteinnahmen, Tantiemen)

☐ Werbungskosten prüfen:
- Fahrtkosten zur Arbeitsstätte
- Berufliche Fortbildungskosten
- Arbeitsmaterialien und -mittel
- Telefon- und Internetkosten

☐ Sonderausgaben erfassen:
- Beiträge zur Altersvorsorge (zum Beispiel Rürup- oder Riester-Rente)
- Spendenbescheinigungen
- Kirchensteuer und Versicherungsbeiträge

☐ Außergewöhnliche Belastungen berechnen:
- Krankheitskosten
- Kosten für Pflegeleistungen
- Unterstützung bedürftiger Angehöriger

☐ Haushaltsnahe Dienstleistungen und Handwerkerleistungen:
- Rechnungen für Handwerksarbeiten und Dienstleistungen im Haushalt
- Nachweise über geleistete Zahlungen

☐ Kinder und Familie:
- Kinderbetreuungskosten
- Angaben zu Kindergeld und Kinderfreibeträgen
- Schul- und Studiengebühren

☐ Vermögenswirksame Leistungen:
- Nachweis über vermögenswirksame Leistungen und deren Anlage

☐ Kapitalerträge und Abgeltungssteuer:
- Bescheinigungen über Kapitalerträge
- Verrechnung von Verlusten aus Kapitalanlagen

☐ Homeoffice und Arbeitszimmer:
- Abzugsfähige Kosten für das häusliche Arbeitszimmer
- Pauschale für Homeoffice-Tage (falls zutreffend)

☐ Fristen und Abgabe:
- Frist zur Abgabe der Steuererklärung beachten
- Elektronische Übermittlung via Elster oder Papierabgabe
- Rückerstattung oder Nachzahlung im Auge behalten

Strategie 9: Verschaffen Sie sich einen Überblick über Ihre Finanzen und fangen Sie an zu investieren

Mitten im geschäftigen Treiben einer Fußgängerzone steht ein Stand, der die neugierigen Blicke der Vorübergehenden auf sich zieht. Ein auffälliges Schild mit der Aufschrift »Geld zu verschenken« prangt darauf und sorgt für erstaunte Gesichter und aufgeregtes Gemurmel unter den Passanten. Hier stehen Sie vor der Wahl: Entweder erhalten Sie sofort 5 Euro, bar auf die Hand, oder Sie entscheiden sich für 20 Euro, die Sie jedoch erst nach zwei Wochen ausgezahlt werden.

Dieses Experiment, das von amerikanischen Psychologen initiiert wurde, zeigt, wie Menschen Entscheidungen treffen. Das Ergebnis: Eine Mehrheit von 80 Prozent der Teilnehmer wählt die sofortige Auszahlung von 5 Euro.

Unsere Vorliebe für das Naheliegende und die sofortige Belohnung ist tief in unserer Psyche verankert. Diese Neigung erschwert es vielen, Geld für die Altersvorsorge zu sparen, da die Rente noch viel zu weit entfernt ist. Wir lieben unmittelbare Anerkennung. Die Aussicht auf sofortige Befriedigung aktiviert das Belohnungssystem und setzt Glückshormone frei. Das »Sparen für später« kann da nicht mithalten.

Wir müssen also umdenken.

Sparen für die Rente wirkt unsexy. Das ist es aber nicht. Ohne eine solide Rente und Ersparnisse wird es schwer, den gewohnten Lebensstandard zu halten. Sparen für den Ruhestand schafft finanzielle Freiheit im Alter. Diese Unabhängigkeit bewahrt vor Abhängigkeit von Partner oder Kindern. Nur so können Sie Ihr Leben nach den eigenen Vorstellungen gestalten und genießen.

Haben Sie Lust bekommen, einen genaueren Blick auf Ihre Finanzen zu werfen? Denken Sie an Sport. Auch dort finden wir oft Ausreden, warum wir heute nicht joggen oder Tennis spielen können. Doch nach dem Lauf oder dem gewonnenen Tennismatch fühlen wir uns glücklich. Wer sich um seine Finanzen kümmert, erlebt nach einer Weile dasselbe Glück. Versprochen.

Wie hoch sind Ihre Einnahmen?

Wissen Sie, wie viel Geld Sie monatlich ausgeben können? Viele Menschen haben auf diese Frage keine präzise Antwort – dabei ist genau das die Grundlage für eine erfolgreiche Finanz- und Lebensplanung. Sparen kann aber nur, wer seine finanziellen Möglichkeiten kennt. Dazu müssen Sie Ihre Einnahmen aufschreiben. Das klingt einfach, ist es auch. Auf Ihren Kontoauszügen, auf der Internetseite Ihres Online-Bankings oder in Ihrer Bank-App finden Sie sowohl Einnahmen als auch Ausgaben. Es ist sinnvoll, alle Posten über einen Zeitraum von mindestens drei Monaten zu notieren.

Die Einnahmen sind auf Ihren Kontoauszügen leicht zu finden. Dazu gehören neben dem Gehalt auch Honorare, Tantiemen, Prämien und Boni sowie Erlöse aus Verkäufen. Auch Zinsen, Dividenden, Mieteinnahmen, Wohn- und Kindergeld sowie Unterhalt zählen zu Ihren Einkünften.

Für Selbstständige und Freiberufler ist diese Art der Erfassung der Einnahmen schwieriger, da sie von den Aufträgen und der Zahlungsmoral der Kunden abhängen. Sie rechnen am besten einen Durchschnitt der letzten zwölf Monate aus und setzen ihr Einkommen für das kommende Jahr etwas niedriger an, um auf der sicheren Seite zu sein. Sollte das Jahr besser laufen, entsteht ein Überschuss, den Sie anlegen können.

Wie hoch sind Ihre Fixkosten?

Kommen wir nun zu den Ausgaben. Genau wie bei den Einnahmen sollten Sie auch hier Ihre Fixkosten sorgfältig notieren und überprüfen. Warum ist das so wichtig? Wir geben oft Geld aus für Dinge, die wir gar nicht benötigen. Wir bezahlen vielleicht für die eine Versicherung zu viel Geld. Mit etwas Recherche im Internet könnten wir eine günstigere Alternative finden. Wir haben Abonnements, die wir nicht mehr nutzen, oder zahlen für Streamingdienste, obwohl wir kaum Fernsehen schauen. Es ist wichtig, alle Kosten immer mal wieder unter die Lupe zu nehmen.

Doch was sind Fixkosten? Das sind Ausgaben, die regelmäßig und in gleicher Höhe anfallen. Dazu zählen Miete, Strom, Gas, Kosten für die Kinderbetreuung, Versicherungen, Telefon und Internet, Mobilfunkvertrag, Rundfunkgebühren, Abonnements, Beiträge für das Fitnessstudio oder Vereine, Pay-TV oder Kreditraten.

Um finanziell flexibel zu bleiben, ist es ratsam, die Fixkosten so niedrig wie möglich zu halten. Eine bewährte Faustregel besagt, dass die festen monatlichen Ausgaben nicht mehr als die Hälfte des Nettogehalts betragen sollten. In Deutschland sind die Mieten jedoch sehr hoch, was auch die Fixkosten in die Höhe treibt. Ihre Miete, vermutlich der größte Teil der festen Ausgaben, sollte inklusive Nebenkosten nicht mehr als ein Drittel Ihres Nettogehalts ausmachen.

Welche sonstigen Ausgaben haben Sie?

Ein Wochenende in Paris, ein Abendessen bei Ihrem Lieblingsitaliener, ein Skiurlaub: Sich hin und wieder etwas Schönes zu gönnen, ist absolut in Ordnung. Sparen bedeutet nicht, auf alles zu verzichten, was Freude bereitet. Vielmehr geht es darum, unnötige Ausgaben zu vermeiden. Betrachten Sie Sparen als positive Herausforderung. Wie Sport eben. Ein Haushaltsbuch hilft, alle Einnahmen und Ausgaben im Blick zu behalten. Zugegeben, das Führen eines Haushaltsbuches mag nicht die aufregendste Tätigkeit sein, aber es zahlt sich aus.

Zu den sonstigen Ausgaben zählen alle Kosten, die individuell bei Ihnen anfallen, wie Lebensmittel, Haushaltswaren, Pflegeprodukte oder Sprit. Um den Überblick zu behalten, sollten Sie sich für Einkäufe in Supermärkten, Tankstellen, Cafés und Restaurants Kassenbons oder Rechnungen geben lassen. Machen Sie es sich zur Gewohnheit, alle Ausgaben des Tages abends in Ihr Haushaltsbuch einzutragen. Durch die Dokumentation dieser Posten erkennen Sie genau, wohin Ihr Geld fließt. Diese Transparenz ermöglicht es, den Umgang mit Geld zu überdenken. Möglicherweise fallen Ihnen dabei kleine Spontankäufe auf, die sich summieren.

Wie hoch ist Ihr Budget?

Christian Eigner,[74] Autor des Buches »Das Spar-Set«, rät dazu, die eigenen Ausgaben über einen Zeitraum von sechs Monaten zu dokumentieren und zu analysieren. Andere Fachleute hingegen sind der Meinung, dass bereits drei Monate ausreichen, um einen Überblick über die finanzielle Situation zu gewinnen. Ein Zeitraum von nur einem Monat kann ein verzerrtes Bild der Ausgaben liefern, insbesondere wenn dieser Monat durch Ereignisse wie Urlaub oder die Weihnachtszeit geprägt ist.

Wie hoch ist also Ihr Budget? Ganz einfach:

Einnahmen – Fixkosten = Monatsbudget

Ein Monatsbudget hilft Ihnen, Ihre Ausgaben besser zu kontrollieren. Sollten Sie bereits einen Überschuss erwirtschaften, können Sie sofort mit dem Sparen beginnen. Das Hauptziel ist jedoch nicht, das Budget einzuhalten, sondern so geschickt zu wirtschaften, dass am Monatsende ein Überschuss entsteht.

Immer wieder hört man den verzweifelten Satz: »Am Ende des Monats bleibt mir nichts zum Sparen.« Dieses Dilemma kennen viele. Daher ist es ratsam, den Sparbetrag gleich zu Monatsbeginn automatisch vom Konto abbuchen zu lassen. Notieren Sie Ihre Einnahmen und Ausgaben – das allein kann schon helfen. Denn nur so bekommen Sie wieder ein besseres Gefühl für Ihr Geld. Wofür geben Sie eigentlich

Ihr Geld aus? Brauchen Sie diese Dinge wirklich? Vielleicht wird nach einiger Zeit der Posten Erspartes sogar größer.

Als goldene Regel gilt, dass Sie mindestens 10 Prozent des Nettoeinkommens, idealerweise jedoch 30 Prozent, zur Seite legen sollten. Wenn Sie also ein Nettoeinkommen von 2.500 Euro haben, sollten Sie 250 Euro sparen (können).

Einige Finanzexperten raten, öfter mit Bargeld einzukaufen anstatt mit Kredit- oder Girokarte. Wer mit Karte bezahlt, bemerkt kaum, dass er Geld ausgibt. Noch dazu verliert man so schnell den Überblick über seine Ausgaben. Zudem besteht die Gefahr, beim Bezahlen mit Karte eher Spontankäufe zu tätigen.

Andere Experten empfehlen, mit vier Umschlägen Bargeld pro Monat zu arbeiten. Diese Budgetierungsmethode setzt klare Grenzen für die eigenen Ausgaben. Zu Monatsbeginn hebt man einen festgelegten Geldbetrag vom Konto ab – das Monatsbudget – und verteilt ihn auf die verschiedenen Briefumschläge. So behält man den Überblick über die Finanzen und geht bewusster mit dem Geld um. Zudem erkennt man Sparpotenziale schneller und vermeidet unnötige Ausgaben.

Es gibt verschiedene Spar-Challenges, die helfen, die Ausgaben im Blick zu behalten und finanzielle Rücklagen aufzubauen. Eine der einfachsten Methoden zur Budgetierung ist die 50–30–20-Regel. Diese Regel teilt das monatliche Nettoeinkommen in drei Kategorien auf: 50 Prozent für Fixkosten und regelmäßige Ausgaben für den täglichen Bedarf, 30 Prozent für Investitionen in Erlebnisse oder Dinge, die das Leben bereichern, wie etwa Restaurantbesuche, und schließlich 20 Prozent zum Sparen. Diese Strategie nutzen auch sehr reiche Menschen.

Nehmen wir zum Beispiel wieder ein Nettoeinkommen von 2.500 Euro an. Davon gehen 1.250 Euro für Fixkosten wie Miete, Versicherungen, Gas, Strom, Telefon und Grundnahrungsmittel ab. 30 Prozent, also 750 Euro, stehen für Urlaubsreisen, Restaurant- oder Theaterbesuche, Kleidung, Abonnements und Lebensmittel zur Verfügung. Das Beste: 500 Euro pro Monat bleiben zum Sparen.

Budgetierung zielt darauf ab, einen Überblick über seine Ausgaben zu erhalten, teure Impulskäufe zu vermeiden und so Ersparnisse aufzubauen.

»Legen Sie rechtzeitig Geld zurück«, rät die unabhängige Finanzexpertin Judit Maertsch vom VerbraucherService Bayern. Wer für Notfälle keine Reserven hat, sollte dies als sein erstes Sparziel ins Auge fassen. Als Faustregel gilt: Der Finanzpuffer sollte drei bis sechs Monatsgehälter umfassen. »Nur so lassen sich die Folgen eines Jobverlustes überbrücken«, so Maertsch. Dieses Geld muss jederzeit verfügbar sein, um im Bedarfsfall schnell darauf zugreifen zu können. Wer alles als Festgeld angelegt, riskiert unnötige Ausgaben. Brauchen Sie unerwartet Geld, sind Sie gezwungen, Ihr Girokonto zu überziehen, einen Kredit aufzunehmen oder Wertpapiere mit Verlust zu verkaufen. Besser ist es, die Rücklage auf einem Tagesgeldkonto zu parken. Darauf können Sie jederzeit zugreifen, und es bringt Ihnen derzeit sogar Zinsen.

Eine weitere Möglichkeit, mehr zu sparen besteht darin, Ihr Gehalt oder Ihre Einnahmen zu erhöhen. Hier ist eine Checkliste, wie das gelingen kann (→ **siehe auch** Strategie 5).

To-do-Liste, um Ihre Einnahmen zu erhöhen

☐ Haben Sie Argumente, die eine Gehaltserhöhung rechtfertigen?

☐ Können Sie zusätzliche Aufgaben bei Ihrem Arbeitgeber übernehmen?

☐ Können Sie Ihre Arbeitsstunden erhöhen?

☐ Sind Sie als Beamtin in die richtige Gehaltsstufe eingruppiert?

☐ Hat Ihr Kind Anspruch auf BAföG in Ausbildung oder Studium?

☐ Ist es möglich, dass Sie zusätzliche Einnahmen durch Honorare oder Tantiemen generieren?

☐ Bekommen Sie und Ihre Kinder den Ihnen zustehenden Unterhalt?

☐ Nutzen Sie alle steuerlichen Freibeträge, zum Beispiel Fahrtkosten zur Arbeit?

☐ Sind Sie und Ihr Partner in einer für Sie beide passenden Steuerklasse?

☐ Haben Sie bei der Bank einen Freistellungsauftrag gestellt?

☐ Haben Sie vielleicht Anspruch auf staatliche Zuschüsse oder Sozialleistungen, wie Wohngeld oder Kinderzuschlag?

☐ Können Sie Ihr Hobby oder Ihre Fähigkeiten in ein Nebeneinkommen verwandeln, zum Beispiel durch freiberufliche Tätigkeiten oder Online-Kurse?

☐ Können Sie durch Weiterbildungen oder Zertifikate, die Ihre Qualifikationen verbessern, Ihre Verdienstmöglichkeiten erhöhen?

☐ Haben Sie die Möglichkeit, mit Investitionen in Aktien oder Immobilien langfristig zusätzliche Einnahmen zu generieren?

☐ Können Sie gebrauchte Gegenständen, die Sie nicht mehr benötigen, gewinnbringend verkaufen?

Räumen Sie Ihre Finanzen auf

Einmal im Jahr sollten Sie Ihre Finanzen prüfen. Dazu zählen Konten, Depots, Anlagen, Versicherungen, Sparbriefe sowie die Standmitteilungen der Rentenversicherung, der betrieblichen Altersvorsorge und der Riester- oder Rürup-Rente. Mit der Zeit sammeln sich oft verschiedene Anlagen und Konten bei diversen Banken und Online-Banken an, was die Übersicht erschwert. Nicht selten stößt man auf einen alten Bausparvertrag, den die Eltern einst abgeschlossen haben. Doch die Finanzplanung verändert sich im Laufe des Lebens.

Ein wichtiger Bestandteil Ihrer Aufräumaktion sollte auch eine Überprüfung Ihrer Versicherungen sein. Sehen Sie sich dabei alle Kosten und Leistungen genau an. Durch die Kündigung unnötiger Versicherungen oder den Wechsel zu günstigeren Produkten können Sie viel Geld sparen. Es gibt viele Versicherungen, die Sie nicht unbedingt brauchen, wie beispielsweise eine Unfallinsassenversicherung, eine Reisegepäckversicherung oder eine Versicherung für das Handy. Wenn Sie zu einem günstigeren Anbieter für Ihre Kfz-Versicherung wechseln, können Sie im Jahr mehrere Hundert Euro an Prämien sparen.

Erstellen Sie einen Überblick über alle Anlagen. Heften Sie alles sorgfältig in einem Ordner ab. Auch im Falle einer Trennung, Scheidung oder Todesfall sind diese Unterlagen vorteilhaft. Eine Übersicht verringert im Fall der Trennung das Streitpotenzial.

> ***»Vom Sparen allein wird keiner reich.***
> ***Man muss investieren, will man ein Vermögen vermehren.***
> ***Doch anstatt Investoren ziehen wir in Deutschland Nachwuchssparer heran.«***
>
> *Christiane von Hardenberg »Selbst investiert die Frau«*

Ein Vermögen baut sich nicht von heute auf morgen auf. Es dauert Jahre, oft Jahrzehnte. »Das Wichtigste ist anzufangen. Den richtigen Zeitpunkt gibt es ohnehin nicht«, schreibt die Journalistin und Finanzexpertin Christiane von Hardenberg.[75] Mit einer gründlichen Analyse Ihrer finanziellen Möglichkeiten und einer Überprüfung Ihrer

Einnahmen und Ausgaben haben Sie nun die Grundlagen für ein solides Spar- und Anlagekonzept geschaffen. Doch das ist nur der erste Schritt auf dem Weg zu finanzieller Unabhängigkeit.

Es ist wichtig, dass Sie sich nicht nur auf das Sparen verlassen, sondern auch lernen, wie Sie Ihr Geld effektiv investieren können. Der nächste Schritt führt uns daher in die Welt der Börse. Hier erfahren Sie, wie Sie Ihr Vermögen durch kluge Investitionen in Aktien, Anleihen und andere Wertpapiere vermehren können.

Ade Sparbuch! Mein Weg an die Börse

Wenn es um Aktien geht, sind Frauen immer noch zögerlicher als Männer. Stimmt, oder? Finanzen haben mich viele Jahre nicht interessiert, mit Aktien hatte ich überhaupt keine Berührung. Erst mit dem Börsengang der Telekom 1996 gerieten Aktien überhaupt in mein Bewusstsein. Das Ereignis schaffte es damals sogar in die Tagesschau. Bis dahin kannte ich nur Sparbücher und Bausparverträge. Börse, das war in meinen Augen etwas für reiche Leute und mit vielen Risiken verbunden.

In den Anfangsjahren stieg die Telekom-Aktie kontinuierlich. Im März 2000 erreichte das Papier seinen Höchststand von 103,50 Euro. Ursprünglich war die Aktie mit 28,50 D-Mark, umgerechnet 14,57 Euro, gestartet. Angesichts dieser Euphorie entschied ich mich, in einen Aktienfonds mit dem verheißungsvollen Namen »Global Player« zu investieren. Leider wählte ich einen denkbar ungünstigen Zeitpunkt für meinen Einstieg. Ich erlebte den Börsencrash im Jahr 2000 in voller Härte. Die Dotcom-Blase platzte, und ich, die eigentlich keinerlei Ahnung von Aktien und Börse hatte, war mittendrin.

Panik ergriff mich, und ich konnte die Situation nicht länger ertragen. Also verkaufte ich alles – mit erheblichem Verlust. Dieses Erlebnis hielt mich viele Jahre von der Börse fern. Fünf Jahre später wäre der Fonds wieder im Plus gewesen. Doch ich hatte keine Ahnung, wie ich mich nach einem Börsencrash verhalten sollte. So wie vielleicht die meisten Deutschen.

Experten sehen den Absturz der Telekom-Aktie als Grund dafür, dass die Deutschen noch immer kein Volk von Aktieninvestoren sind. Doch die Zahl der Aktionärinnen und Aktionäre steigt. Das Deutsche Aktieninstitut in Frankfurt belegt dies mit aktuellen Zahlen von 2024: Derzeit investieren 4,4 Millionen Frauen und 7,7 Millionen Männer in Aktien, Fonds und ETFs[76]. Vor allem langfristig generieren Aktien eine hohe Rendite. Im Ausland ist das längst anerkannt. Viele Länder setzen daher verstärkt auf Aktien in allen drei Säulen der Altersvorsorge.

In Deutschland gibt es auch beim Investieren Unterschiede zwischen den Geschlechtern. Der sogenannte Gender Investment Gap zeigt, dass Frauen deutlich weniger am Kapitalmarkt anlegen als Männer. Für Alexandra Niessen-Ruenzi, Professorin für Betriebswirtschaftslehre an der Universität Mannheim, spielt der Einkommensunterschied eine entscheidende Rolle. »Männer sind tendenziell risikobereiter. Wer in Aktien investiert, muss Risiken eingehen«, erklärte sie gegenüber der Frankfurter Allgemeinen Zeitung.[77]

Vielleicht fehlen Frauen auch Strategien, wie sie ihr eigenes Vermögen aufbauen können. »Umfragen zeigen, dass Frauen sich oft um ihr Finanzwissen sorgen oder Finanzentscheidungen den Männern überlassen«, sagt Dr. Gerrit Fey, Leiter des Fachbereiches Kapitalmärkte am Deutschen Aktieninstitut auf Anfrage. »Gleichzeitig belegen aktuelle Zahlen, dass die Beteiligung von Frauen am Aktienmarkt zunimmt.«

Mein verspäteter Start ins Investieren

Kurz nach dem Ende der Corona-Pandemie wagte ich einen neuen Anlauf an der Börse, diesmal bei meiner Hausbank. Ein junger Bankberater eröffnete mit mir ein Depot, das meine Wertpapiere aufbewahrt und verwaltet. Was das Depot kostet, hat er mir allerdings nicht verraten. Und ich habe auch nicht nachgefragt. Auf seine Empfehlung kaufte ich einen nachhaltigen Fonds, zwei festverzinsliche Wertpapiere und einen Fonds-Sparplan für vermögenswirksame Leistungen – alles ausschließlich Produkte der Hausbank.

Ich war zuversichtlich.

Dann brach der Krieg in der Ukraine aus und die Energiekrise folgte. Die Kurse fielen überall. Doch dieses Mal blieb ich standhaft und verkaufte nicht. Und wissen Sie was? Das war ein echter Fortschritt für mich, der sich psychologisch und auch finanziell ausgezahlt hat. Heute ist alles wieder im grünen Bereich.

Bei einer Filialbank kann ein Depot zwischen 20 und 60 Euro im Jahr kosten. So viel Gewinn muss eine Anlage erst einmal machen, damit sich das rechnet. Noch dazu steigen bei manchen Banken die Gebühren mit der Höhe der Anlagesumme. Eine Alternative ist ein Depot bei einer Onlinebank oder einem Neobroker, dort sind die Depots meist kostenlos. Allerdings erhalten Sie dort keine Beratung.

Die Banken verdienen am Verkauf eigener Produkte doppelt: mit der Verkaufsprovision und der Gebühr für das Fondsmanagement. Doch damals war ich zu bequem, mich intensiver mit dem Thema Finanzen auseinanderzusetzen. Zwischen Job und drei Kindern blieb dafür kaum Zeit, so lautete meine Ausrede. Bankberater empfehlen nicht unbedingt das, was gut für uns Kundinnen am besten wäre. Aus diesem Grund ist es so wichtig, dass wir gut informiert sind und die richtigen Fragen stellen. »Lassen Sie sich in der Bank keine gemanagten Fonds aufschwatzen, wenn Sie eigentlich ETFs kaufen wollten«, warnt die Autorin Christine Finke in ihrem »Finanzplaner Alleinerziehende«.[78] Leider las ich diesen Rat zu spät – ich hatte bereits den Fonds der Hausbank gekauft, anstatt in einen ETF zu investieren.

Nicht nur der Fonds selbst, sondern auch die Transaktionen kosten Geld. Jedes Mal, wenn jemand einen Fondsanteil kauft oder verkauft, erhebt die Bank oder der Broker eine Gebühr für die Abwicklung. Auch hier variieren die Kosten für Anleger erheblich. Einige Filialbanken schlagen bis zu 1 Prozent des Kaufpreises als Gebühr auf. Das bedeutet, ein Fondskauf im Wert von 5.000 Euro kostet 50 Euro an Gebühren.

Hat das Geschlecht Auswirkungen auf die angebotenen Finanzprodukte?

Könnte es wahr sein, dass Frauen schlechtere Konditionen und teurere Produkte angeboten werden? Eine Studie des Leibniz-Instituts für Finanzmarktforschung[79] zeigt genau das: Frauen erhalten in Beratungsterminen weniger Rabatte auf Verkaufsgebühren als Männer. Berater empfehlen ihnen zudem teurere Finanzprodukte. Diese Ungleichheit führt zwangsläufig zu höheren Kosten für Kundinnen. Die Untersuchung wertete Daten aus 27.000 Gesprächen zwischen Finanzberatern und Kundinnen einer großen deutschen Bank aus den Jahren 2010 bis 2017 aus. Was sind die Gründe für die ungleiche Beratung? Selbstbewusstsein, Verhandlungsgeschick und finanzielle Vorkenntnisse spielen dabei eine entscheidende Rolle. In allen drei Bereichen schneiden Frauen schlechter ab als Männer. Die Berater wissen das.

Leider haben wir das Investieren nicht von unseren Eltern gelernt. Im Gegenteil: Bei vielen hat die Börse einen schlechten Ruf. Wer kennt nicht Sätze wie: »Aktien sind nur etwas für Reiche«, »Wertpapiere sind reine Spekulation«, »Die Börse ist nur etwas für Finanzprofis«. Solche Aussagen wecken Ängste und negative Gedanken, die wir überwinden müssen.

Der Begriff »Börse« wird häufig mit »Risiko« und »Verlust« in Verbindung gebracht. Allerdings wird das Risiko eines Verlustes oft falsch dargestellt. Die Ergebnisse einer Studie, die den deutschen Aktienmarkt im Zeitraum von 1967 bis 2015 untersuchte, belegen dies. Unabhängig davon, wann man mit dem Investieren begonnen hat (vor, während oder nach einem Crash), ergibt sich bei einer Mindestanlagedauer von 15 Jahren eine positive Rendite. Eine breit gestreute Aktienanlage erwirtschaftet auf lange Sicht eine durchschnittliche Rendite von 6 bis 9 Prozent pro Jahr, berechnete das Deutsche Aktieninstitut.

So fangen Sie an zu investieren

Alles, was benötigt wird, um in die Welt des Wertpapierhandels einzusteigen, ist ein Depot bei einer Direktbank wie ING Diba, DKB (Deutsche Direktbank), Comdirect, Consorsbank, Targobank oder einem Neobroker wie Trade Republic oder Scalable, um nur einige zu nennen. Direktbanken verzichten auf Filialen und führen Bankgeschäfte ausschließlich telefonisch oder digital – ohne persönliche Beratung.

Der erste Schritt zur Eröffnung eines Depots ist die Identifikation. Dies kann in einer Filiale der Postbank geschehen, doch viele Banken bieten mittlerweile auch das bequeme Videoident-Verfahren von zu Hause an. Hierbei legitimieren Sie sich in einem Callcenter-Dialog über die Kamera des Computers oder Smartphones. Sobald dieser Prozess abgeschlossen ist, dauert es meist nur wenige Tage, bis die Bank das Konto eröffnet. In der Regel sendet die Bank in einem separaten Schreiben eine PIN, mit der Sie das Konto freischalten können.

Fast die Hälfte der Anleger nutzt bereits Direktbanken oder Online-Broker. Frauen legen dabei großen Wert auf eine klare und verständliche Kommunikation sowie auf transparente Kosten. Das zeigt die Studie »Geldanlage und Frauen«[80] von J. P. Morgan Asset Management aus dem Jahr 2021. Zudem wünschen sich 33 Prozent der insgesamt 4.000 weltweit befragten Frauen mehr Unterstützung und Hilfestellung, besonders als Neulinge im Anlagemarkt.

Da bleibt nur noch die Frage: Gemeinsames Depot, ja oder nein?

Für die Altersvorsorge ist ein gemeinsames Depot nicht empfehlenswert, selbst in der Ehe. Stellen Sie sich ein Depot wie einen persönlichen Garten vor. Dieser Garten benötigt Ihre Aufmerksamkeit, Pflege und Fürsorge. Wenn Sie sich allein auf einen gemeinsamen Garten verlassen, laufen Sie Gefahr, dass dieser nicht optimal gepflegt wird oder im schlimmsten Fall sogar leergeräumt wird, ohne dass Sie es merken.

In einer Ehe, die unter dem gesetzlichen Güterstand der Zugewinngemeinschaft steht, werden bei einer Scheidung die während der Ehe erwirtschafteten Vermögenszuwächse grundsätzlich aufgeteilt. Doch dieser rechtliche Schutzmechanismus ist keine Garantie dafür, dass nicht bereits vorher ein Teil des Vermögens verschwunden ist. Insbesondere Frauen sind daher gut beraten, finanziell unabhängig zu bleiben und für ihre Altersvorsorge ein eigenes Depot zu führen.

Daher ist es für Frauen wichtig, sich selbst in die Welt der Finanzen einzuarbeiten. Nach dem Lesen des ersten Finanzratgebers vertiefte ich mich weiter: Ich las Finanzsachbücher, Fachzeitschriften und den Wirtschaftsteil verschiedener Zeitungen. Inzwischen finde ich diese Lektüre spannend und genieße es, mein Depot zu verwalten. Die Apps sind so benutzerfreundlich, da macht das Investieren wirklich Spaß. Auch wenn ich noch lange keine Börsenexpertin bin, habe ich meine anfänglichen Hemmungen mittlerweile überwunden.

Langfristig investieren: So profitieren Sie vom Aktienmarkt

Der Aktienmarkt kann kurzfristig schwanken und Risiken bergen. Langfristig jedoch wächst die Wirtschaft, und damit steigen auch die Aktienkurse und Gewinne. Moderne Wirtschaft funktioniert ohne Wachstum nicht. Daher ist die Wirtschaft auf Wachstum ausgerichtet.[81] Obwohl Inflation kurzfristig die Kaufkraft mindert, kann sie langfristig dazu führen, dass Aktienkurse wieder steigen.

Doch auf jeden Rückschlag folgte bisher eine Erholung, sodass sich langfristig ein Aufwärtstrend zeigt.

Bevor Sie investieren, sollten Sie Ihre Ziele kennen:

- Wollen Sie Rendite, also eine Vermehrung des Geldes?
- Oder wollen Sie Liquidität, sodass das Geld jederzeit verfügbar bleibt?
- Oder steht bei Ihnen Sicherheit im Vordergrund?

Diese drei Ziele bilden das magische Dreieck der Geldanlage.

Sie wollen Ihr Geld sicher und gewinnbringend anlegen? Das klingt verlockend, oder? Doch die Realität sieht anders aus. Je sicherer eine Geldanlage ist, desto weniger Gewinn bringt sie. Ein Tagesgeldkonto bietet zwar Sicherheit, aber kaum Rendite. Anders sieht es bei ETFs oder Aktien aus: Hier stehen höhere Gewinne in Aussicht, doch auch das Risiko steigt. Die Kunst besteht darin, den richtigen Mix zu finden. Ein ausgewogenes Portfolio kombiniert sichere Anlagen mit renditestarken Investitionen. Jeder muss selbst herausfinden, wie risikobereit er ist, welche Balance zu ihm passt und wofür und wie lange er sein Geld anlegen möchte.

»Für den Einstieg in den Aktienmarkt benötigt man wenig Detailwissen«, sagte Dr. Gerrit Fey vom Deutschen Aktieninstitut. »Die einfache Regel lautet: breit streuen, langfristig und kontinuierlich investieren. Dies lässt sich mühelos über Sparpläne für Aktien, Aktienfonds und ETFs umsetzen.« Alternativ können Anleger selbst ein Portfolio aus Aktien verschiedener Branchen zusammenstellen. »Dabei ist es wichtig, auf eine ausgewogene Branchenmischung zu achten«, so Fey auf meine Anfrage.

Das klingt nicht so kompliziert. Alles, was man über langfristige Anlagen am Aktienmarkt liest, wirkt verlockender als die mageren Zinsen, die viele Hausbanken bieten.

Welche Rendite können Sie an der Börse erzielen?

Historisch betrachtet erzielte der Weltmarkt eine durchschnittliche Rendite von etwa 7 Prozent pro Jahr. Das heißt, Anleger, die in den letzten Jahren in einen globalen ETF investierten, konnten im Durchschnitt eine jährliche Rendite von 7 Prozent verzeichnen. Doch Vorsicht: Dieser Wert ist nur ein Mittelwert. In der Realität unterliegt der Aktienmarkt erheblichen Schwankungen, die von Verlusten von 50 bis 60 Prozent bis hin zu Gewinnen von etwa 110 Prozent reichen können. Trotz dieser Volatilität blieb der langfristige Durchschnitt bei einem Gewinn von 7 Prozent pro Jahr.

Mittlerweile sind Fonds der Fondsgesellschaften und Banken etwas aus der Mode gekommen. Schuld sind vor allem die hohen Kosten, mit denen sich nicht die Anleger, sondern die Banken in den letzten Jahren eine goldene Nase verdient haben. »Wählen Sie keine teuren Fondssparpläne. Für viele Fonds kommen Kosten für Management,

Depot, Ausgabeaufschlag und noch vieles mehr auf den Anleger zu. Es gibt teilweise sehr teure Konstruktionen, die die gesamte Rendite aufbrauchen. Besser ist es, wenn Sie in große, breit gestreute, börsengehandelte Indexfonds wie zum Beispiel den Weltaktienindex MSCI World investieren. Da haben Sie eine sehr breite Streuung und langfristig eine gute Rendite«, rät die Finanzberaterin Judit Maertsch.[82]

Zudem ist es wichtig, auch einen Teil seines Geldes in Tages- und Festgeld zu investieren, denn das sorgt für die Stabilität der Finanzen. Die meisten Finanzexperten empfehlen jeweils die Hälfte des Geldes auf einem Tagesgeldkonto zu parken und die andere Hälfte zu investieren. Wie sieht das in der Praxis aus?

Wofür steht die Abkürzung ETF?

Ein Exchange Traded Funds (ETF) ist ein an der Börse gehandelter, passiver Fonds, bei dem keine individuellen Entscheidungen eines Fondsmanagers erforderlich sind. Stattdessen folgt der ETF einer vorab festgelegten Strategie und kauft automatisch Aktien nach. Diese Aktien gehören zu Unternehmen, die in einem bestimmten Index gelistet sind. Die Vielfalt der Indizes ist beeindruckend: Es gibt Indizes für den deutschen Aktienmarkt, für Europa, für den globalen Markt und viele mehr. Die Zeitschrift Finanztest führt regelmäßig Vergleiche durch und analysiert über 20.000 Fonds, sowohl aktiv gemanagte als auch ETFs.

ETFs sind für jeden geeignet, da sie einfach an der Börse gekauft werden können. Egal, ob man langfristig investieren oder kurzfristig spekulieren möchte, es gibt eine große Auswahl an ETFs, die für jeden etwas bieten. Sie bilden entweder die gesamte Welt oder nur ein bestimmtes Land, bestimmte Branchen, Regionen oder Themen ab. Mit ETFs kann man in all diese Bereiche investieren. Auch Judit Maertsch empfiehlt ETFs: »Hier spart der Anleger mit flexiblen Sparraten ab 25 Euro im Monat bereits Kosten, weil es keinen Manager gibt, der die Fonds aktiv verwaltet. ETFs minimieren durch die breite Streuung die Kursrisiken. Die Kursschwankungen fallen moderater aus als bei einzelnen Aktien. Auch die langfristigen Renditen aus Kursgewinnen und Dividenden sind sehr attraktiv«, sagt sie.[83]

Welchen ETF sollte ich wählen?

Der derzeit beliebteste ETF ist der MSCI World, der die Werteentwicklung von mehr als 1.600 Unternehmen unterschiedlicher Branchen in 23 Industrieländern widerspiegelt. Der amerikanische Finanzdienstleister Morgan Stanley Capital International (MSCI) stellt diesen Index zusammen. Aktien aus den USA machen rund 60 Prozent aus. China ist in diesem Index nicht vertreten. Der IT-Sektor stellt mit rund 24 Prozent den größten Anteil, gefolgt vom Finanzsektor mit 15 Prozent und dem Gesundheitssektor mit 12 Prozent. Bekannte Unternehmen wie Microsoft, Apple, Nvidia, Amazon, Tesla, Netflix oder Meta sind im MSCI World vertreten.

Der MSCI Emerging Markets umfasst etwa 830 Aktien aus Schwellenländern wie China, Indien, Russland, Südkorea, Griechenland, der Türkei oder Brasilien. »Ein Investment in Schwellenländer kann sich lohnen, weil die Emerging Markets im Vergleich zu den etablierten Industrienationen viel dynamischer wachsen und zudem einen immer größeren Anteil an der Weltwirtschaft ausmachen«, schreibt das Online-Portal Finanzen.net.[84] Emerging Markets sind aufstrebende Märkte, meist Schwellenländer oder Zweite-Welt-Länder. Ein zentrales Merkmal dieser Länder ist das niedrige Pro-Kopf-Einkommen und die fortschreitende Industrialisierung. Durch diese Industrialisierung verringert sich die Abhängigkeit der Länder von der Landwirtschaft, und sie wachsen stetig. Diese Staaten stehen an der Schwelle vom Entwicklungs- zum Industrieland.

S&P 500 von der Rating Agentur Standrad & Poor's zusammengestellt, versammelt Aktien der 500 größten börsennotierten US-Unternehmen. Mittlerweile gibt es auch eine Vielzahl nachhaltiger ETFs. Eine solche nachhaltige Variante gibt es auch vom MSCI World ETF: MSCI World SRI. Die Abkürzung SRI steht für »Socially Responsible«, also eine sozialverträgliche, verantwortungsvolle Kapitalanlage. Ein Vergleich hat laut Stiftung Warentest gezeigt, dass der Nachhaltigkeitsindex in den letzten Jahren sogar ein klein wenig besser lief als der klassische MSCI World.

Welche Vorteile haben ETFs?

ETFs sind kostengünstige Anlageprodukte im Vergleich zu aktiv gemanagten Fonds. Während für Aktienfonds im Schnitt Gebühren von etwa 1 Prozent pro Jahr anfallen, kommen ETFs in der Regel mit 0,1 bis 0,5 Prozent Gebühren aus. Bei ETFs gibt es keinen Manager, der Unternehmen analysiert und die vielversprechendsten Aktien für den Fonds auswählt. Das führt zu deutlich geringeren Kosten, was ein wichtiges Kriterium bei der Geldanlage ist. Denn je weniger Gebühren man bezahlt, desto mehr bleibt einem selbst erhalten.

ETFs sind flexibel. Wir Frauen stehen im Laufe des Lebens vor zahlreichen Herausforderungen: Jobwechsel, Teilzeitbeschäftigung, Hauskauf, Kindererziehung und vieles mehr. Daher benötigen wir Investitionen, die sich flexibel an unsere Lebensumstände anpassen. ETFs bieten genau diese Flexibilität: Sie können sie jederzeit kaufen und verkaufen, die Sparrate anpassen, pausieren oder erhöhen.

Das Schöne an ETFs: Sie sind wie ein großer Einkaufskorb voller verschiedener Aktien oder Anleihen. Das bedeutet: deutlich weniger Risiko, da Sie nicht alles auf eine Karte setzen. Mit einem ETF können Sie Ihr Vermögen breit streuen und Anlagerisiken reduzieren. Man investiert nicht in ein Unternehmen, sondern in viele.

Welche Nachteile haben ETFs?

Die Wertentwicklung hängt von der Performance der einzelnen Unternehmen ab und kann sowohl positiv als auch negativ ausfallen. Geht es an den Börsen bergab, sind auch Verluste möglich. Da Sie keine Einzelaktien erwerben, erwarten Sie keine außergewöhnlichen Gewinne. Rechnen Sie mit einer Durchschnittsrendite. In über 90 Prozent der Fälle übertraf die Durchschnittsrendite der Weltmärkte jedoch die eines aktiven Fonds.

Auch Merten Larisch, Altersvorsorge-Berater bei der Verbraucherzentrale Bayern, rät zu einer kostengünstigen und prognosefreien Geldanlage. »Dies lässt sich nahezu ausschließlich durch eine kluge Kombination aus globalen Aktien-ETF-Indexfonds als Renditemotor und Tages- sowie Festgeld als Sicherheitsbaustein erfolgreich umsetzen«, sagt Larisch auf Anfrage. Wer kostengünstig für das Alter vorsorgen möchte, kommt an ETFs nicht vorbei.

Investieren Sie in Ihre Zukunft

Jeder kann auch ohne großes Startkapital an der Börse investieren. Der Sparbetrag lässt sich jederzeit verändern. Auch vermögenswirksame Leistungen, an denen sich der Arbeitgeber beteiligt, können in einen ETF-Sparplan fließen. Eine Studie der Frankfurter School of Finance & Management im Auftrag der Deutschen Börse zeigt, dass die Mehrheit der Nicht-Investoren eine verzerrte Vorstellung davon hat, welches Wissen tatsächlich nötig ist, um an der Börse zu investieren. »Viele wissen nicht, dass man vieles nicht wissen muss«, sagt Michael Grote, Mitautor der Studie.[85]

Inzwischen bespare ich drei ETF-Sparpläne: Einer davon ist auf den MSCI World ausgerichtet, wodurch ich automatisch in 1.600 Aktien weltweit investiere. Ein weiterer Sparplan deckt den MSCI All Country World ab, der sowohl Unternehmen aus Industrieländern als auch aus Schwellenländern umfasst. Das neueste Mitglied in meinem Depot ist ein ETF aus dem Bereich Gender Equality. Es gefällt mir, dass ich so in Unternehmen investiere, die sich aktiv für die Gleichstellung von Frauen einsetzen.

Dass ich meine Finanzen selbst in die Hand genommen habe, macht mich froh und stolz. Wenn ich in mein Aktiendepot investiere, investiere ich in meine Zukunft. Vielleicht inspiriert Sie das, selbst ein Finanzbuch zur Hand zu nehmen, ein Depot bei einer Direktbank zu eröffnen und Freude am Investieren zu entdecken. An der Börse kann jeder auch mit kleinen Beträgen viel erreichen. Die Finanzbloggerin Franziska Stieber bringt es auf den Punkt:: »Lieber mit einem kleinen Depot in Rente als mit gar keinem!«[86]

Was tun, wenn Sie in Aktien investieren wollen?

ETFs bieten eine einfache und kostengünstige Möglichkeit zur Altersvorsorge. Doch wie können Sie auch in Aktien investieren? Zunächst sollten Sie sich gründlich in das Thema einlesen. Die Bücher der Wirtschaftsjournalistin Christiane von Hardenberg bieten hierfür eine gute Grundlage. Ihre verständliche Schreibweise erleichtert den Einstieg in die Welt der Aktien.

Wenn Sie eine Aktie kaufen, erwerben Sie einen Anteil an einem Unternehmen und werden so Miteigentümer von Firmen wie Apple, Danone, Amazon, Volkswagen, Siemens oder McDonald's. Die Unternehmensanteile werden in Form von Aktien an der Börse gehandelt. Dort entsteht der Preis für die Aktienkurse. Wenn viele Investoren erwarten, dass Apple weiterhin erfolgreich Smartphones verkauft und Gewinne erzielt, steigt die Nachfrage nach Apple-Aktien. Das lässt den Aktienkurs steigen.

Mit Aktien können Anleger auf zwei Arten Geld verdienen: durch Kursgewinne oder durch Dividenden. Eine Dividende ist eine Gewinnbeteiligung an einer Aktiengesellschaft. Aktionäre, die Eigentümer der Aktien, erhalten einmal pro Jahr Dividenden, wenn das Unternehmen erfolgreich ist. Als Aktionärin sind Sie also am Gewinn des Unternehmens beteiligt.

Aktien zu besitzen, geht mit Risiken einher. Zunächst gibt es das Marktrisiko,[87] etwa, wenn sich der gesamte deutsche Markt schlechter entwickelt, weil die Wirtschaft schwächelt und langsamer wächst. Neben dem Marktrisiko gibt es noch das Unternehmensrisiko. Ein Konzern kann in Schwierigkeiten geraten, wenn der Markt einbricht. Um Verluste zu minimieren, ist es ratsam, Ihre Aktien möglichst breit zu streuen und so das Risiko zu diversifizieren.

Wer an der Börse erfolgreich sein möchte, benötigt eine ausgewogene Mischung aus soliden Standardaktien und dynamischen Wachstumsaktien, die auch als Value- oder Growth-Aktien bekannt sind.

Frauen sind Männern an der Börse oft überlegen. »Fast jede Studie belegt das. Warum? Weil sie die Risiken tatsächlich breiter streuen und weniger handeln, also länger an ihren Investments festhalten«, schreibt Inken Schönauer im Zukunfsmagazin FAZ Quarterly.[88] »Hin und her macht Taschen leer«, so Schönauer, gehöre tatsächlich zu den gängigsten Börsenweisheiten.

Die Frankfurter Wertpapierbörse ist mit ihren beiden Marktplätzen der wichtigste deutsche Handelsplatz für Wertpapiere. Anleger sollten darauf achten, ihre Investitionen zu diversifizieren, also nicht alles auf eine Branche oder ein Land zu setzen. Ein Merksatz lautet: »Nicht alle Eier in einen Korb.« Technologieunternehmen wie Apple, Google, Facebook (Meta) und Amazon verzeichneten über viele Jahre steigende Aktienkurse. Mit der Corona-Pandemie Anfang 2020 gerieten die Börsen in Aufruhr. Viele Aktien, die zuvor Höhenflüge erlebt hatten, stürzten ab.

Wer nur auf wenige Werte setzt oder sich auf eine einzige Branche konzentriert, begeht oft den größten und teuersten Fehler. Doch welche Aktie ist die richtige? »Das spielt keine Rolle, Hauptsache, es sind viele verschiedene«, betont die Finanzexpertin Claudia Münster. Die Zeitschrift Finanztest empfiehlt, verschiedene Anlageklassen zu kombinieren: unterschiedliche Länder, technologische Vorreiter und Traditionsmarken, verschiedene Branchen sowie große und kleine Unternehmen. Der beste Tipp ist, Ruhe zu bewahren. »Über alle Krisen hinweg, auf lange Sicht, wird aus jedem Minus immer wieder ein Plus.«[89]

ETFs: Das Wesentliche in Kürze

ETFs ermöglichen es Ihnen, das Risiko Ihrer Investitionen breit zu streuen. Mit einem einzigen ETF investieren Sie in Hunderte, oft Tausende von Unternehmen weltweit und erreichen so eine umfassende Diversifikation.

Der Kauf von ETFs ist nicht nur günstig, sondern manchmal sogar kostenlos. Zudem können Sie Ihren Vermögensaufbau durch Sparpläne automatisieren, die ab einem Euro monatlich starten.

Ein weiterer Vorteil von ETFs ist ihre Transparenz: Sie wissen immer genau, in welche Unternehmen Ihr Geld fließt. ETFs lassen sich leichter in Bargeld umwandeln als traditionelle Investmentfonds.

To-do-Liste für den Börsenstart

☐ Bevor Sie an der Börse investieren, prüfen Sie Ihre finanziellen Verpflichtungen genau. Diese bestimmen, wie viel Kapital Sie anlegen können.

☐ Nutzen Sie für Investitionen in ETFs oder Aktien nur Geld, das Sie langfristig entbehren können. Der Anlagehorizont an der Börse beträgt mindestens 10 bis 15 Jahre. So können Sie auch schwierige Börsenjahre überstehen und Verluste ausgleichen.

☐ Um ETFs oder Aktien zu kaufen, benötigen Sie ein Depot. Eröffnen Sie es am besten bei einer Direktbank oder einem Neobroker. Finanz.net und Finanztip vergleichen und testen regelmäßig die günstigsten Angebote.

☐ Neobroker bieten nahezu provisionsfreien Handel meist über eine praktische und einfache App an.

☐ Informieren Sie sich in Büchern, Zeitschriften und online über passende ETFs und Aktien.

☐ Richten Sie einen Sparplan ein.

☐ Setzen Sie nicht auf den schnellen Gewinn. Kurzfristige Erträge bergen oft Risiken. Der größte Fehler ist, in Panik am Tiefpunkt zu verkaufen.

☐ Eine Börsenweisheit lautet: »Kaufen und halten.« Lassen Sie die Zeit für sich und Ihr Geld arbeiten.

☐ Warten Sie nicht auf den perfekten Zeitpunkt zum Investieren. Märkte sind unvorhersehbar, der ideale Moment ist selten genau bestimmbar. Der richtige Einstiegszeitpunkt ist immer jetzt.

☐ Suchen Sie nicht die eine perfekte Aktie. Diversifizieren Sie Ihre Anlagen, um Risiken zu streuen. Setzen Sie nicht alles auf eine Karte. Erstellen Sie ein Portfolio mit Sicherheits- und Risikobausteinen. Verteilen Sie die Anlagen über Märkte, Länder, Themen und Branchen.

☐ Bleiben Sie diszipliniert und halten Sie sich an Ihre Strategie. Lassen Sie sich nicht von kurzfristigen Schwankungen verunsichern.

☐ Investieren soll Ihnen Freude machen. Kaufen Sie Aktien von Unternehmen, die Sie begeistern.

☐ Probieren Sie heiße Tipps aus, aber nur mit einem kleinen Teil Ihres Vermögens.

☐ Investieren Sie nur in Dinge, die Sie verstehen, den Tipp geben alle Börsenexpertinnen und -experten. Bilden Sie sich weiter und vertrauen Sie auf Ihr Wissen und Ihre Einschätzungen.

☐ Tagesgeld und Festgeld sollten Ihr Portfolio ergänzen.

Web-Tipp

Eine entscheidende Frage beim Vermögensaufbau ist, wie viel Erspartes sicher, aber kaum verzinst angelegt wird und welcher Teil in ertragsstärkere, riskantere Anlagen fließt. Für den sicheren Anteil eignen sich Tages- und Festgeld. Den riskanteren, langfristig ertragsreicheren Teil decken breit gestreute Aktienanlagen ab, idealerweise mit kostengünstigen, weltweit investierenden ETFs. Wie sich Ihr Verhältnis von Festgeld zu Aktien auf die Rendite auswirkt, können Sie mit dem Renditerechner der Verbraucherzentrale testen.
<www.verbraucherzentrale.de/renditerechner>

Die Verbraucherzentralen in den 16 Bundesländern bieten eine kostenpflichtige Beratung zum Thema Altersvorsorge und Geldanlage an. Sie prüfen Angebote und Verträge und beraten zu Einzelthemen der Altersvorsorge und Geldanlage. Einen persönlichen Beratungstermin können Sie online buchen unter: ***<www.verbraucherzentrale.de>***

Strategie 10: Was Frauen im Fall einer Scheidung beachten sollten

Wie schmerzlich eine Scheidung sein kann, hat Susanne Schneider erfahren. Dabei begann alles so vielversprechend: An einem Sommerabend, den sie noch klar vor Augen hat, nahm ihre Geschichte ihren Anfang. Das Weinfest in ihrer kleinen Stadt war bekannt für seine Atmosphäre und die guten Weine. Dort, zwischen den tanzenden Lichtern und dem Klang fröhlicher Stimmen, traf sie ihn – ihren späteren Ehemann. Ein Zahnarzt mit einem Lächeln, das nicht nur seine Patienten verzauberte, sondern auch Susannes Herz im Sturm eroberte.

Susanne Schneider arbeitete als Lehrerin. »Ich liebe meinen Beruf«, erzählt sie im Gespräch. Beide hatten durch ihre Berufstätigkeit zunächst ein gutes Einkommen. Dann kamen die drei gemeinsamen Kinder auf die Welt – und Susanne entschied sich, zu Hause zu bleiben. Die Familie zog in ein großes Haus am Stadtrand.

In Deutschland können sich Beamtinnen für bis zu 15 Jahre aus familiären Gründen beurlauben lassen, was außergewöhnlich lange ist. »Ich habe mich entschieden, diese Option voll auszuschöpfen«, berichtet sie. Sie wollte sich ganz dem Haushalt, dem Garten und der Erziehung ihrer Kinder widmen. »Das alles war nicht nur Idylle, sondern auch viel Arbeit«, erinnert sie sich im Rückblick. Mit drei Kindern und dem großen Haus mitsamt Garten hatte sie den ganzen Tag zu tun – aber nichts geistig Herausforderndes. Sie fühlte sich bald erschöpft, da die Wege zu den Freizeitaktivitäten der Kinder weit, der Garten und das Haus zu groß waren.

»Erst viel zu spät habe ich gemerkt, wie unglücklich mich das Hausfrauendasein machte«, sagt sie heute. Ihr Frust wuchs. Der Alltag begann, sie regelrecht zu langweilen. Der Garten, den sie anfangs so mochte, wurde zur Last, und das Haus fühlte sich immer mehr wie ein goldener Käfig an. Sie sehnte sich danach, dem Familientrott zu entfliehen und wieder beruflich tätig zu sein. Zum Wiedereinstieg in ihren Beruf, nach knapp zehn Jahren zu Hause, besuchte Susanne Schneider ein Seminar – und verliebte sich in einen anderen Mann. »Diese Begegnung war der Tropfen, der das Fass zum Überlaufen brachte«, gesteht sie.

Die Scheidung war nicht nur emotional schmerzhaft, sondern auch finanziell verheerend. Ihr einst so charmanter Ehemann, der sie mit Versprechen einer gemeinsamen Zukunft gewonnen hatte, zog nun alle Register, um sich vor seinen Verpflichtungen zu drücken. »Obwohl er mit seiner Praxis viel Geld verdient, rechnete er sich vor Gericht arm«, sagt die 53-Jährige. Die vielen Jahre ohne eigenes Einkommen machten sich nun auch finanziell bemerkbar. Susanne Schneider musste ganz von vorne anfangen.

Sie arbeitet seitdem wieder Vollzeit.

Für die 10 Jahre, in denen sie ihrem Mann den Rücken freigehalten und sich um die Kinder, das Haus und den Garten gekümmert hat, erhält sie keinen einzigen Cent.

Ein Ehevertrag rettet – nicht die Liebe, aber das Geld

In Deutschland endet jede dritte Ehe vor dem Scheidungsrichter. Für die meisten Frauen bedeutet das eine Zukunft voller finanzieller Ungewissheit. Besonders hart trifft es Frauen wie Susanne Schneider, die während der Ehe nicht oder nur in geringem Umfang gearbeitet haben. Leider verlassen sich viele Frauen immer noch auf das Versorgungssystem der Ehe – und das ist gefährlich. Nach der Scheidung kämpfen sie oft darum, ihren Lebensstandard aufrechtzuerhalten oder gar ihre Existenz zu sichern. Frauen dürfen nicht darauf vertrauen, dass sich im Falle einer Trennung alles von selbst regelt. Das Gegenteil ist meist der Fall.

Was können Sie also tun, um nach einer Trennung nicht in Not zu geraten? Wie sichern Sie sich am besten ab?

Sie sollten sich bereits vor der Eheschließung intensiv mit der Rollenverteilung in der Ehe und der finanziellen Situation beider Partner auseinandersetzen, empfiehlt Manuela Löwinger, Fachanwältin für Familienrecht in Würzburg. »In einer traditionellen Hausfrauen-Ehe ist ein Ehevertrag nicht zwingend erforderlich«, erklärt Löwinger. Aber notwendig.

Was ist ein Ehevertrag?

Ein Ehevertrag ist eine schriftliche Vereinbarung, die Sie gemeinsam mit Ihrem Ehepartner treffen, um die Rahmenbedingungen Ihrer Ehe festzulegen. Diese Vereinbarung regelt nicht nur Ihre Rechte und Pflichten während der Ehe, sondern stellt auch die Weichen für den Fall einer Trennung oder Scheidung. Oftmals wird ein Ehevertrag in Kombination mit einem Erbvertrag geschlossen, um sicherzustellen, dass im Falle des Ablebens eines Partners der andere als Alleinerbe eingetragen wird.

Was viele nicht wissen: Ein Ehevertrag muss nicht zwingend vor der Eheschließung abgeschlossen werden. »Sie können diese Vereinbarung zu jedem Zeitpunkt Ihres Ehelebens treffen«, sagt Manuela Löwinger. Damit der Ehevertrag rechtsverbindlich ist, muss er jedoch notariell beurkundet werden.

Welche Vorteile hat ein Ehevertrag?

Ein Ehevertrag, der auf die individuellen Lebensverhältnisse eingeht, schützt im Fall der Scheidung vor Nachteilen. Man kann ihn zu jedem Zeitpunkt der Ehe – auch Jahre nach dem Jawort – bei einem Notar abschließen. Entscheidend ist, wie man das eigene und das gemeinsame Vermögen im Falle einer Trennung aufteilt. Was passiert mit einer gemeinsamen Immobilie oder anderen Besitztümern? Welches Betreuungsmodell ist für die Kinder am besten? Wie werden Einkommenseinbußen ausgeglichen bei demjenigen, der zugunsten der Kinder weniger arbeitet?

Da ist zum Beispiel Anna Abel, die folgende Frage stellte: »Wie kann ich die erbrachte Care-Arbeit vor Gericht geltend machen?« Anna war zehn Jahre lang mit Tom verheiratet, einem Mann, der als Ingenieur Karriere machte. Sie hingegen hatte – wohl wissend, dass dies für die Familie das Beste sei – Elternzeit genommen, hatte in Teilzeit gearbeitet und ihm so den Rücken freigehalten. Während Tom sich auf den beruflichen Aufstieg konzentrierte, jonglierte Anna – wie so viele Frauen – mit den täglichen Herausforderungen des Familienlebens.

Ihre Ersparnisse schwanden, denn obwohl sie Teilzeit arbeitete, sollte sie mit ihrem eigenen Geld zurechtkommen. Monat für Monat rechnete sie, sparte und hoffte, dass das enge Budget für das Zuhause und die Kinder reichen würde. Es war kein leichtes Leben, aber sie hielt durch. Für die Familie. Für die Kinder.

Doch dann, eines Tages, endete die Ehe. Tom ließ sich »arm rechnen«, wie es im Juristendeutsch so schön heißt, und der Rosenkrieg begann. Anna, die inzwischen 75 Prozent arbeitete, um das Zuhause der Kinder zu sichern, fand sich in einem Labyrinth aus rechtlichen Fragen und finanziellen Sorgen wieder. Sie hatte bereits viel Geld in eine Umgangsregelung investiert, doch es schien, als würden die »Väterrechte« immer zu Toms Gunsten ausfallen.

Anna wollte nicht erneut Geld in Gericht und Anwalt stecken und wieder verlieren. Sie hatte genug von den Streitereien, genug von der Ungerechtigkeit, die sie empfand. Doch sie wusste auch, dass ihre geleistete Care-Arbeit einen Wert hatte. Einen Wert, der nicht in Euro und Cent gemessen werden konnte, sondern in Liebe, Geduld und Hingabe. Nur leider bekommt man dafür kein Geld.

Das Fazit ihrer Geschichte ist eine Mahnung: Besser ist es, finanzielle Angelegenheiten vor der Scheidung zu regeln. Warum nicht die Care-Arbeit 50:50 aufteilen? Bei einer Scheidung kommen der Zugewinnausgleich und der Versorgungsausgleich für geleistete Care-Arbeit ins Spiel. Hinzu kommt der Kindesunterhalt, sofern die Voraussetzungen erfüllt sind. Aber das allein reicht oft nicht, um als Frau finanziell unabhängig zu sein.

Ideal wäre es, auf dem Wechselmodell zu bestehen, um selbst mehr arbeiten zu können. Doch in der Praxis gestaltet sich das schwierig, insbesondere mit Vätern, die sich wenig um die Kinder kümmern.

Vor einiger Zeit wurde das Familienrecht reformiert: Der nacheheliche Unterhalt, der früher für einen finanziellen Ausgleich sorgte, wurde gestrichen, um den heutigen gesellschaftlichen Verhältnissen gerecht zu werden – sprich, der Gleichberechtigung und der Erwerbsarbeit der Frau. Leider haben viele noch nicht verinnerlicht, dass die Gesetze eine gleichberechtigte Verteilung von Care- und Erwerbsarbeit voraussetzen. Andere Modelle müssen durch einen Ehevertrag abgesichert werden, was nicht immer funktioniert, wenn der Mann nicht genügend verdient, um Unterhalt zu zahlen.

Es schmerzt mich für jede Frau, die in eine solche Lage gerät. Deshalb ist es so wichtig, dass sich Frauen selbst um ihre Finanzen kümmern und finanziell unabhängig bleiben und werden.

Auch der Versorgungsausgleich für Altersbezüge kann in einem Ehevertrag geregelt werden, zum Beispiel können Sie ganz darauf verzichten oder ihn an Bedingungen wie das Vorhandensein von Kindern knüpfen. »Alternativ können Sie auch Einmalzahlungen vereinbaren. Sie sollten sich beim Versorgungsausgleich jedoch bewusst sein, dass es um die Absicherung im Alter geht und damit um sehr viel Geld«, erklärt die Anwältin Manuela Löwinger im Gespräch.

Ehepaare können zwischen drei Rechtsformen wählen: Das sind die Zugewinngemeinschaft, die Gütertrennung und die Gütergemeinschaft. Der gesetzliche Güterstand der Zugewinngemeinschaft gilt automatisch ab der Eheschließung. Die Zugewinngemeinschaft muss somit nicht vertraglich vereinbart werden. Gütertrennung oder Gütergemeinschaft erfordern einen notariell beglaubigten Ehevertrag. Beim Zugewinn behält jeder sein eigenes Anfangsvermögen. Nur was sich während der Ehe angehäuft hat, wird anschließend geteilt. Ob jemand mehr Geld verdient hat als der andere, wird allerdings nicht berücksichtigt. Bei der Gütertrennung hat jeder sein eigenes Vermögen – auch während der Ehezeit.

Die Ehe ist durch das Grundgesetz geschützt, auch in steuerlicher Hinsicht: Verheiratete Paare dürfen eine gemeinsame Steuererklärung abgeben. Verdient einer viel und der andere weniger, sparen sie durch das Ehegattensplitting Steuern. Leider setzt dieses Steuerrecht starke Anreize, dass die kümmernde Person beruflich zurücksteckt und dabei keine eigene Altersvorsorge aufbaut.

Was bedeutet der Güterstand der Zugewinngemeinschaft?

Wer den Bund der Ehe eingeht und dabei auf einen Ehevertrag verzichtet, findet sich unweigerlich in der rechtlichen Konstruktion der Zugewinngemeinschaft wieder. Ein Begriff, der vielen zwar geläufig ist, dessen Bedeutung oft im Dunkeln bleibt. Doch was verbirgt sich dahinter? Vereinfacht gesagt: Jeder Partner behält sein eigenes Vermögen und kann grundsätzlich frei darüber verfügen. Erwirtschaftet ein Ehegatte mehr als der andere, wird der Überschuss gleichmäßig aufgeteilt. Der Zugewinn wird nach einer simplen Formel berechnet: Endvermögen minus Anfangsvermögen. Im Falle einer Scheidung wird für beide Parteien ermittelt, was sie jeweils zu Beginn der Ehe besaßen. Anwälte empfehlen Paaren daher dringend, zu Beginn der Ehe eine detaillierte Liste aller mitgebrachten Besitztümer zu erstellen und die Kontoauszüge aus dieser Zeit zu kopieren und sorgfältig abzuheften.

Was viele auch nicht wissen: Wenn einer der Partner während der Ehe etwas geschenkt bekommt oder erbt, zählt das zum Anfangsvermögen und gehört nicht automatisch beiden. Nur der Wertzuwachs während der Ehe muss geteilt werden.

Sollte diese gesetzliche Regelung nicht zur individuellen Lebenssituation passen, ist ein Ehevertrag ratsam.

Wie können sich unverheiratete Paare absichern?

Paare, die zusammenleben, müssen nicht unbedingt heiraten. In Deutschland leben etwa 3,3 Millionen Paare unverheiratet in einer Lebensgemeinschaft. Tendenz steigend. Die Motive für ein Leben ohne Trauschein sind so vielfältig wie die Paare selbst: Manche wollen vor der Ehe testen, ob der gemeinsame Alltag harmoniert; andere lehnen die Ehe als Lebensmodell grundsätzlich ab, möglicherweise geprägt durch eine frühere Scheidung. Viele Paare entscheiden sich zunächst für ein unverbindliches Zusammenleben, um dann später, vielleicht mit der Geburt ihrer Kinder, den Bund der Ehe einzugehen. Doch Achtung: Die nicht eheliche Lebensgemeinschaft ist rechtlich zwar anerkannt, aber nicht umfassend reguliert.

Unverheiratete Paare haben die Möglichkeit, durch einen Partnerschaftsvertrag – auch Beziehungsvertrag genannt – finanzielle und rechtliche Fragen zu klären und sich abzusichern. Diese Vereinbarung ähnelt einem Ehevertrag und regelt verschiedene Aspekte für den Fall einer Trennung oder des Todes eines Partners. Grundsätzlich können Paare alle potenziellen Streitpunkte nach einer Trennung in den Vertrag aufnehmen. Typischerweise umfasst ein Partnerschaftsvertrag Regelungen zu den Eigentumsverhältnissen an Vermögenswerten, zur Vermögensaufteilung, zu Unterhaltsverpflichtungen sowie zu Ausgleichsansprüchen bei Schenkungen im Trennungsfall. Darüber hinaus können die Partner erbrechtliche Fragen klären und sich gegenseitig Vollmachten erteilen. Ein Beziehungsvertrag wird schriftlich festgehalten und kann auf Wunsch notariell beglaubigt werden.

Ein Testament lässt sich jederzeit widerrufen. Liegt kein gültiges Testament vor, haben unverheiratete Paare in der Regel keinen Anspruch auf das Erbe. Um sicherzustellen, dass Ihr Partner im Falle Ihres Todes als Alleinerbe oder Miterbe eingesetzt wird, sollten Sie Ihrem Partnerschaftsvertrag unbedingt einen Erbvertrag hinzufügen.

Im Internet findet man zahlreiche Vorlagen für Partnerschaftsverträge. Sie können als Orientierungshilfe dienen. Für die Erstellung eines solchen Vertrags ist kein Notar nötig. Ein Ehevertrag hingegen muss notariell beurkundet werden. Hier können Kosten von mehreren Hundert bis Tausend Euro anfallen, abhängig von der Höhe des Vermögens. »Doch das Geld, das Sie für einen Ehevertrag investiert haben, sparen Sie meist beim Scheidungsverfahren wieder ein«, betont die Anwältin Manuela Löwinger.

Stirbt ein Partner, so erben die gemeinsamen Kinder. Zwar kann man ein Testament machen und den jeweils anderen Partner als Erben einsetzen, aber hier kommt die Erbschaftsteuer ins Spiel. Unverheiratete haben nur einen Freibetrag von 20.000 Euro, als Ehepartner liegt der Freibetrag bei 500.000 Euro.

Ein Erbvertrag oder ein Testament ist hier also wichtig.

Vorsicht ist auch bei gemeinsamem Eigentum geboten, zum Beispiel wenn ein Haus gekauft wird. Dann empfiehlt es sich, dass beide Partner im Grundbuch eingetragen sind. Oder dass das Haus nur von einem der Partner gekauft wird. Das vermeidet Streitigkeiten im Falle einer Trennung.

Wenn unverheiratete Paare auseinandergehen, gibt es keinen allgemeinen Anspruch auf Vermögensausgleich. Auch die Regelungen zum Zugewinnausgleich kommen hier nicht zur Anwendung. Für den wirtschaftlich schwächeren Partner stellt dies einen erheblichen Nachteil dar. Diese Benachteiligung wird dadurch verschärft, dass auch keine Teilung der Rentenansprüche erfolgt – ein Versorgungsausgleich bleibt aus.

Daher: Wer nicht heiraten möchte, sollte auf jeden Fall einen Partnerschaftsvertrag abschließen und ein Testament oder einen Erbvertrag anfertigen.

Derjenige Partner, der zugunsten der Kinder eine berufliche Auszeit nimmt, sollte dafür entschädigt werden. Das kann ähnlich wie bei Ehepaaren zum Beispiel durch eine private Altersvorsorge laufen. Auch freiwillige Einzahlungen in die gesetzliche Rentenversicherung sind möglich und schaffen einen kleinen Ausgleich für die später fehlenden Beträge. Wenn der Ruhestand nicht mehr weit ist, schneiden Sie mit freiwilligen Zahlungen in die Rentenkasse meist besser ab als beim Aufbau einer privaten Altersvorsorge. Wer älter als 55 Jahre ist, dürfte bei der kapitalgedeckten Variante kaum mehr in den Genuss deutlicher Zinsen kommen.

Am besten ist es, die Fixkosten aufzuteilen, und zwar je nach Einkommen. Anteilig am Einkommen sollten sich beide an den monatlichen Ausgaben beteiligen. Viele Finanzexpertinnen empfehlen ein gemeinsames Haushaltskonto.

Damit die Scheidung nicht zur finanziellen Falle wird

Wenn sich Ehepartner trennen, beginnt ein emotionaler und logistischer Kraftakt. In Deutschland gilt eine Ehe als gescheitert, wenn das Paar mindestens ein Jahr getrennt lebt. Wer bleibt in der Wohnung? Wer zieht aus? Wo leben die Kinder? Diese Fragen drängen sich sofort auf. Auch der Unterhalt, das Sorgerecht und das gemeinsame Eigentum müssen aufgeteilt werden. Oft stellt die gemeinsame Immobilie ein weiteres großes Problem dar. Soll diese verkauft werden? Bleibt ein Partner mit den Kindern in der gemeinsamen Immobilie wohnen? Wer übernimmt die Schulden? Diese Entscheidungen beeinflussen die Zukunft beider Partner erheblich.

Besonders die finanzielle Situation der Frauen gerät durch eine Trennung oft in eine Schieflage. »In den meisten Fällen kümmern sich weiterhin die Frauen um Haushalt und Kindererziehung, ohne dafür Lohn zu erhalten. Dies kann bei einer Trennung zu finanziellen Problemen für die Frauen führen«, bestätigt auch die Rechtsanwältin Manuela Löwinger im Gespräch. Nicht selten bedeutet eine Scheidung den wirtschaftlichen Abstieg, und im Extremfall führt es zur Armut und macht den Gang zum Sozialamt notwendig.

In dieser schwierigen Zeit ist es wichtig, klare Absprachen zu treffen und sich Unterstützung zu suchen. Anwälte und Mediatoren können helfen, faire Lösungen zu finden. So lässt sich der Übergang in ein neues Leben besser bewältigen. »Bei einer Trennung müssen Paare ihr gemeinsames Vermögen offenlegen«, erklärt Judit Maertsch, Finanzberaterin beim VerbraucherService Bayern in Würzburg. Doch ob die Partner dabei ehrlich sind, bleibt oft unklar – selbst vor Gericht.

Frauen sollten sich regelmäßig über alle finanziellen Angelegenheiten informieren, rät Maertsch. Ein großes Thema ist digitales Geld und digitales Vermögen. Die Ehefrau sollte wissen, ob ihr Mann Online-Konten hat. Hat dieser Bitcoins gekauft? Besitzt er Goldvorräte? Diese Transaktionen laufen meist über das Giro- oder Gehaltskonto. Deshalb empfiehlt die Finanzexpertin: »Werfen Sie ab und zu einen Blick auf die Kontoauszüge. Darin finden Sie Vertrags- oder Police-Nummern.« Auch Steuerunterlagen geben Hinweise darauf, welche Anlagen der Ehemann hat. Diese Informationen sind bei einer Trennung oder im Todesfall extrem wichtig.

Spätestens wenn die Scheidung droht, sollten Frauen alle Dokumente kopieren. Dazu zählen:

- die Gehaltsabrechnungen des Ehemanns
- sämtliche Konto- und Depotunterlagen
- Geldvermögen
- Wertpapiere, Aktien, Fonds, ETFs
- Immobilien
- Hausrat.

Auf diese Weise können Sie sicherstellen, dass keine Vermögenswerte heimlich beiseite geschafft werden. In solch einer Phase ist es von Bedeutung, sich von einer spezialisierten Fachanwältin für Familienrecht beraten zu lassen.

Im Jahr 2008 wurde das Unterhaltsrecht entscheidend geändert. Seitdem gilt der Grundsatz: Unterhalt ist die Ausnahme, nicht die Regel. Das bedeutet, dass nach einer Scheidung jeder für seinen eigenen Lebensunterhalt verantwortlich ist. Der Staat geht davon aus, dass Frau in der Lage sind, selbst für ihren Unterhalt zu sorgen. Kritisch ist es, wenn in der Ehe eine große finanzielle Abhängigkeit bestand. Für Eheleute mit Kindern bis zum dritten Lebensjahr gibt es nach wie vor den sogenannten Betreuungsunterhalt. Aber was, wenn die Kinder schon älter sind? Der Gesetzgeber will so dafür sorgen, dass Eltern – meist Mütter – nach dem dritten Geburtstag der Kinder wieder in den Beruf einsteigen.

Ehepartner sind nicht automatisch verpflichtet, nach einer Trennung Unterhalt zu zahlen. In den meisten Fällen müssen Frauen diesen Anspruch selbst geltend machen oder, falls nötig, gerichtlich durchsetzen. Bei der Berechnung des Trennungsunterhalts wird das sogenannte eheprägende Einkommen aus den jeweiligen Einkünften der Ehepartner ermittelt. Hierbei werden sämtliche Einkünfte im Sinne des Einkommensteuerrechts berücksichtigt. Der Unterhaltsberechtigte sollte unmittelbar nach der Trennung schriftlich per Einschreiben Auskunft über die Einkommensverhältnisse einfordern. Geschieht das nicht, kann rückwirkend ab dem Zeitpunkt der Trennung kein Unterhalt mehr verlangt werden.

»Der Staat und die aktuelle Gesetzeslage machen es einem Vater verdammt leicht, sich seiner Verantwortung zu entziehen. Fährt er bei Rot über die Ampel, bekommt er einen Bußgeldbescheid und Punkte in Flensburg. Kümmert er sich nicht um seine Kinder, passiert nichts«,[90] klagte eine Mutter in der Zeitschrift »Brigitte«. Warum können Väter so einfach ihre Verantwortung für die Kinder abwälzen? Gibt es keine Rechtsprechung, wonach sich Vater und Mutter – egal, ob getrennt oder nicht – zu gleichen Teilen um das Wohl der Kinder kümmern müssen?

Wer zahlt den Kindesunterhalt? Ganz einfach: Kinder haben immer einen Anspruch darauf, egal ob Mama und Papa verheiratet sind oder nicht. Der Elternteil, bei dem das Kind nicht wohnt, muss zahlen. Wie viel? Das hängt vom Einkommen ab und wird mit der »Düsseldorfer Tabelle« berechnet. Wenn die Kinder volljährig werden, müssen beide Elternteile zahlen.

Interessanterweise zeigt die Statistik, dass etwa die Hälfte der Väter entweder gar nichts oder zu wenig zahlt. Doch warum ist das so? Eigentlich sind sie verpflichtet, den Mindestunterhalt zu bezahlen. Es geht doch um die eigenen Kinder. Manche Väter zahlen nicht, weil sie wütend sind oder der Ex-Partnerin nichts geben wollen. Andere sind schlichtweg nicht in der Lage dazu, weil nach den monatlichen Ausgaben und einem Selbstbehalt von 1.450 Euro (Stand 2024) nichts mehr übrig bleibt.

Wenn der Ex-Partner partout keine Auskünfte über sein Einkommen gibt, bleibt oft nur der Gang vor Gericht. Dieser Prozess kann langwierig und belastend sein. Aber wenn Sie schon eine Ahnung vom Einkommen haben, kann man auf schnellem Weg versuchen, einen vorläufigen Betrag festzusetzen. Der Mindestunterhalt kann dabei erst mal festgelegt werden. Behauptet der Vater, er könne nicht zahlen, muss er dies beweisen. Solche Verfahren dauern oft sehr lange. In solchen Fällen springt in Deutschland allzu oft der Staat ein. Das heißt, der Unterhalt der Kinder wird aus den Geldern aller, nämlich der Steuerzahler, bezahlt.

Was ist der Versorgungsausgleich und was ist dabei zu beachten?

Bei einer Scheidung wird das Familiengericht zum Detektiv der Altersvorsorge: Für jeden Partner wird separat ermittelt, welche Ansprüche während der Ehezeit bei welchem Versorgungsträger erworben wurden. Dazu zählen nicht nur die gesetzliche Rente oder die Beamtenversorgung, sondern auch betriebliche Altersvorsorge, Riester-Rente und private Rentenversicherungen. Das Gericht betrachtet jeden Versorgungsanspruch einzeln und dokumentiert seine Entscheidungen sorgfältig im Scheidungsbeschluss. »Wer mehrmals verheiratet war, muss im Falle einer Scheidung auch mehrere Versorgungsausgleiche durchlaufen«, erklärt Manuela Löwinger, Fachanwältin für Familienrecht, und unterstreicht so die Komplexität dieses Verfahrens.

Gelingt der Versorgungsausgleich, verfügen beide Ehepartner nach der Trennung über gleich hohe Versorgungsansprüche aus der Ehezeit. Wer für sein Alter mit Aktien oder ETFs vorsorgt, erhält keinen Ausgleich nach den Regeln des Versorgungsausgleichs. Denn diese Art der Vorsorge ist in der Gesetzgebung nicht vorgesehen.

Haben beide Partner nur Ansprüche aus der gesetzlichen Rentenversicherung, ist alles relativ einfach: Partner A, der höhere Ansprüche hat, überträgt einen Teil seiner Rente an Partner B, der geringere Ansprüche aufweist. Sollte Partner B zusätzlich eine Betriebsrente beziehen, so gibt er aus dieser Rente Ansprüche an Partner A ab. Die Rentenansprüche wechseln so einfach von einem Konto auf das andere. Sollte einer der Partner bislang kein eigenes Rentenkonto besitzen, wird für diesen ein neues Konto eingerichtet.

Auch Beamte müssen ihre Rentenanwartschaften teilen. Bei Bundesbeamten erfolgt diese Aufteilung intern, das heißt, die Rentenansprüche werden beim gleichen Versorgungsträger aufgeteilt. Im Gegensatz dazu werden die Versorgungsanrechte von Beamten der Länder und Gemeinden extern, also bei einem anderen Versorgungsträger, aufgeteilt.

Ehepartner haben die Möglichkeit, den Versorgungsausgleich individuell zu regeln. Sie können bestimmte Anrechte gezielt vom Ausgleich ausschließen. Eine Option ist, die gemeinsame Immobilie einem Partner zu übertragen, während der andere auf den Versorgungsausgleich verzichtet. Außerdem können sie vereinbaren, Beitragszahlungen an einen Rententräger zu leisten, um den eigenen Ausgleich zu umgehen. Solche Vereinbarungen müssen entweder notariell beurkundet oder im Scheidungsverfahren gerichtlich protokolliert werden.

»Gerade bei langjährigen Ehen ist der Versorgungsausgleich nach wie vor von großer Bedeutung«, betont Löwinger. Nur auf diese Weise könnten potenzielle Ungerechtigkeiten, die sich aus der traditionellen Rollenverteilung innerhalb der Familie ergeben, vermieden werden. Aber: Der Versorgungsausgleich kostet Gebühren, die sich schnell auf ein paar Hundert Euro summieren. »Sollten Sie während der Ehe fast gleich hohe Ansprüche erworben haben, können Sie sich die Kosten für den Versorgungsausgleich sparen und dem Gericht mitteilen, dass Sie einvernehmlich darauf verzichten«, schreibt der Autor Michael Griga.[91]

Dass Frauen Rentenansprüche an den Mann abtreten müssen, kommt eher selten vor. Dennoch ist es wichtig, stets genau hinzusehen. Wenn eine Frau in Teilzeit gearbeitet hat und ihr Mann selbstständig war, somit weder in die gesetzliche Rentenversicherung eingezahlt noch eine private Altersvorsorge betrieben hat, könnte es durchaus vorkommen, dass sie von ihren ohnehin spärlichen Rentenpunkten noch welche abgeben muss. In solchen Fällen empfiehlt Löwinger, den Rechtsweg zu beschreiten und vor Gericht zu verhandeln.

Der Versorgungsausgleich erstreckt sich laut Gesetz immer über die gesamte Ehezeit. Diese beginnt im Monat der Heirat und endet im Monat vor der Zustellung des Scheidungsantrags an den anderen Ehepartner. Auch wenn einer oder beide Ehepartner bei der Scheidung bereits Rente beziehen, wird ein Versorgungsausgleich gemacht und die Rentenansprüche geteilt. Sollte einer der Ehepartner bereits eine Rente empfangen, während der andere noch keine Altersrente bezieht, wird seit 2009 der Versorgungsausgleich unmittelbar vorgenommen. Das führt dazu, dass die Rente des einen Partners sofort gekürzt wird, obwohl der andere noch gar keine Altersrente erhält. »Wenn beide Ehepartner bei der Eheschließung bereits Rentner waren, entfällt der Versorgungsausgleich«, erläutert Löwinger.

Bei einer Scheidung gibt es viel zu beachten. Das Wichtigste habe ich für Sie in einer To-do-Liste zusammengefasst.

To-do-Liste zur Vorbereitung einer Scheidung

- ☐ **Rechtliche Beratung einholen:** Sprechen Sie vor der Trennung mit einer erfahrenen Fachanwältin oder einem Fachanwalt. Informieren Sie sich rechtzeitig über Ihre Rechte und Pflichten. Ein Verständnis Ihrer rechtlichen Lage hilft, unangenehme Überraschungen zu vermeiden.

- ☐ **Finanzielle Übersicht erstellen:** Verschaffen Sie sich einen Überblick über Ihre Finanzen – sowohl Ihre eigenen als auch die gemeinsamen und die Ihres Partners. Eine präzise Kenntnis der finanziellen Situation ist unerlässlich, um eine gerechte Aufteilung zu gewährleisten.

- ☐ **Relevante Unterlagen sichern:** Sichern Sie alle wichtigen Unterlagen. Dokumentieren Sie das Vermögen vor der Ehe und große Anschaffungen. Diese Dokumente dienen als Beweise vor Gericht.

- ☐ **Konten trennen und Vermögen planen:** Trennen Sie Ihre Konten und planen Sie, wie das gemeinsame Vermögen aufgeteilt werden soll. Eine frühzeitige Planung kann spätere Konflikte minimieren.

- ☐ **Kinder schützen:** Eine Trennung ist für alle Beteiligten belastend. Halten Sie Streit von den Kindern fern. Suchen Sie eine Familienberatungsstelle auf, um Unterstützung und Tipps zu erhalten, wie man Konflikte bewältigen kann.

- ☐ **Lösungen finden:** Versuchen Sie, einvernehmliche Lösungen zu finden. Regelungen können beispielsweise in einer Scheidungsfolgenvereinbarung getroffen werden. Einvernehmliche Absprachen erleichtern den Prozess erheblich und reduzieren emotionalen Stress.

- ☐ **Finanzielle Hilfen prüfen:** Kümmern Sie sich um finanzielle Hilfen. Für Alleinerziehende lohnt sich oft ein Antrag auf Wohngeld. Prüfen Sie, ob Sie für Ihre Kinder den Kinderzuschlag erhalten. Nutzen Sie für Ihre Kinder das Bildungs- und Teilhabepaket. Lassen Sie sich beraten.

Web-Tipp

Welche Unterstützung steht Ihnen und Ihrer Familie zu? Die Seiten des Bundesfamilienministeriums bieten eine Übersicht über alle Familienleistungen. Wann erhalten Sie einen Kinderzuschlag? Was sind der Kinderfreibetrag, der Entlastungsbeitrag für Alleinerziehende und der Unterhaltsvorschuss? Und wie werden die Kinderbetreuungskosten steuerlich berücksichtigt? Das Infotool »Familie« beantwortet all diese Fragen.
<https://infotool-familie.de/>

Politischer Hintergrund: Warum haben Frauen in Deutschland so wenig Rente?

Arbeiten gehen, ein eigenes Konto eröffnen und an der Börse investieren – diese für uns selbstverständlichen Rechte haben Frauen in Deutschland noch gar nicht so lange. Bis in die 1970er-Jahre hinein bestimmten Männer über die Finanzen der Frauen.

»Männer und Frauen sind gleichberechtigt« – ein Satz im Grundgesetz, der so selbstverständlich klingt, als wäre er immer da gewesen. Doch in der Realität sieht es anders aus. Im Jahr 1958 trat das Gesetz zur Gleichberechtigung von Mann und Frau zwar in Kraft, aber bis 1962 brauchten Frauen immer noch die Zustimmung ihres Ehemanns, um überhaupt ein Bankkonto zu eröffnen. Bis 1977 durften Frauen in Westdeutschland nur arbeiten, wenn das auch »mit ihren Pflichten in Ehe und Familie vereinbar« war, so hieß es im Gesetz von 1957. Die Rollen waren klar verteilt, mit der Frau als Verantwortliche für Haushalt und Kindererziehung. Erst mit der Reform des Ehe- und Familienrechts, die 1977 in Kraft trat, entfiel diese gesetzlich vorgeschriebene Aufgabenteilung.

In der DDR hingegen konnten Frauen schon in den 1950er-Jahren arbeiten gehen. Es wurde gesellschaftlich akzeptiert, allerdings blieb auch im Osten die Care-Arbeit an den Frauen hängen. Sie waren also doppelt belastet mit Arbeit, Hausarbeit und Erziehung. Es gab dafür kostenlose Kitas, Schulhorte mit Mittagessen, Ferienlager und Ferienbetreuung, die die unterrichtsfreie Zeit überbrückten. Ein zentrales Anliegen der Familien- und Frauenpolitik der DDR war es, möglichst viele Frauen in den Arbeitsmarkt zu integrieren, da ihre Arbeitskraft dringend benötigt wurde.

In Westdeutschland bekamen Frauen seit den 1970er-Jahren – mit Einführung der Pille immer weniger Kinder. Im Osten brach die Geburtenrate erst mit dem Beitritt zur BRD ein. »In beiden Fällen waren fehlende soziale Absicherung für Frauen nach der Geburt eine wesentliche Ursache für den Geburtenrückgang«, erklärt die Autorin Sabine Rennefanz.[92]

Wie stand es um die Rente bei den Frauen? Ursprünglich gab es in der gesetzlichen Rentenversicherung keinen Unterschied zwischen Männern und Frauen. Doch in der Praxis sah es anders aus: Viele Frauen in Westdeutschland hatten kaum die Möglichkeit, nennenswerte Beträge einzuzahlen. Erst 1972 öffnete sich die Rentenversicherung für Selbstständige und Hausfrauen. Nun konnten alle, die nicht pflichtversichert waren, freiwillige Beiträge leisten. Für viele Hausfrauen war das eine kleine Revolution, denn es eröffnete ihnen die Chance, auch im Alter etwas mehr Geld in der Tasche zu haben. Ansonsten waren Ehefrauen nur über ihren Mann abgesichert – und so auch von ihm abhängig.

Ein weiterer Meilenstein war der 1977 eingeführte Versorgungsausgleich bei Ehescheidungen. Endlich wurden Frauen im Falle einer Trennung besser abgesichert.

Die Einführung der Mütterrente im Jahr 1986 durch Arbeits- und Sozialminister Norbert Blüm markiert einen weiteren wichtigen Schritt für Frauen. Seitdem schreibt die Rentenversicherung einem Elternteil Rentenpunkte[93] für die Kindererziehungszeit gut. Aber, diese Kindererziehungszeit wird nur den Frauen angerechnet, die bereits in die Rentenversicherung einzahlen oder eingezahlt haben.

In den letzten 100 Jahren haben sich die Rechte von Frauen im Arbeitsleben theoretisch zwar erheblich verbessert. Doch praktisch hinkt Deutschland den meisten seiner Nachbarländer gewaltig hinterher. Das muss sich ändern.

Von einer Lohngleichheit noch weit entfernt

In Deutschland ist Lohngleichheit oft nur ein theoretisches Versprechen, wie auch die Journalistin Birte Meier erfahren musste. Fünf lange Jahre kämpfte sie in Prozessen gegen ihren Arbeitgeber, das ZDF, weil sie für die gleiche Arbeit weniger Lohn erhielt als ihre männlichen Kollegen. »Eine faire Bezahlung ist kein Nice-to-have, sondern ein Grund- und Menschenrecht«, betont Meier.[94]

Mittlerweile klagen immer mehr Frauen vor Gericht für gleiche Bezahlung – und erzielen Erfolge. Ein aktuelles Beispiel ist der Fall einer Außendienstmitarbeiterin eines Metallunternehmens, die über Jahre hinweg weniger verdiente als ihr männlicher Kollege. Nach einem langen Rechtsstreit entschied das Bundesarbeitsgericht zu ihren Gunsten. Die Richter sprachen ihr neben ihrer Forderung von 14.500 Euro eine Entschädigung von 2.000 Euro zu (Az.: 8 AZR 450/21).

Der Arbeitgeber rechtfertigte den Gehaltsunterschied mit dem besseren Verhandlungsgeschick des Mannes. Beide erhielten zunächst dasselbe Gehaltsangebot. Doch der Mann forderte mehr, um den Arbeitsvertrag zu unterzeichnen. Die Vorinstanzen, darunter das Sächsische Landesarbeitsgericht, hatten die Klage der Frau abgewiesen. Doch das Bundesarbeitsgericht entschied: »Vertragsfreiheit ist keine Rechtfertigung für ungleiche Bezahlung von Männern und Frauen.« Diese Entscheidung ist unter dem Aktenzeichen auf der Internetseite des Bundesarbeitsgerichts nachzulesen.[95]

Wer hätte gedacht, dass Frauen auch im Jahr 2025 für die gleiche Arbeit schlechter bezahlt werden als Männer? Lässt sich nur hoffen, dass saftige Strafen und Nachzahlungen die Unternehmen abschrecken und sie sich irgendwann nicht mehr trauen, Frauen finanziell zu benachteiligen.

Auch Mutterwerden stellt eine Hürde dar. Frauen in Deutschland bekommen ihr erstes Kind durchschnittlich im Alter von rund 30 Jahren. Ab diesem Zeitpunkt stagniert ihr durchschnittlicher Bruttostundenverdienst, während er bei Männern mit zunehmendem Alter fast stetig steigt. Das liegt daran, dass Frauen im Laufe ihres Erwerbslebens häufiger familienbedingt ihre Karriere unterbrechen und in Teilzeit arbeiten. Dadurch sind Karrieresprünge und Lohnerhöhungen bei Frauen seltener.

Noch einmal deutlicher: Deutschland gehört, was gleiche und gerechte Bezahlung angeht, zu den Schlusslichtern in Europa. Unser Land belegt den viertschlechtesten Platz unter den EU-Mitgliedsstaaten.[96] Die vielen Gehaltslücken führen dazu, dass Frauen im Laufe ihres Lebens ein deutlich geringeres Gesamteinkommen haben als Männer. Dieser ungute Zustand hat sogar einen Namen und nennt sich Gender Lifetime Earnings Gap.

In Deutschland wählen die meisten Paare nach der Geburt eines Kindes eine traditionelle Arbeitsteilung.[97] Nur gut jede dritte Mutter, die mit einem Kleinkind unter drei Jahren im Haushalt lebt, ist erwerbstätig. Von diesen Müttern arbeitet der Großteil in Teilzeit, nur knapp ein Drittel ist in Vollzeit beschäftigt. Im Gegensatz dazu sind fast neun von zehn Vätern erwerbstätig, überwiegend in Vollzeit.

In Familien mit älteren Kindern arbeiten Mütter und Väter wieder ähnlich viel. Dennoch ist weiterhin nur etwa jede dritte Mutter in Vollzeit beschäftigt, selbst wenn das jüngste Kind im Haushalt zwischen zehn und 15 Jahre alt ist. Der Bedarf an Sorgearbeit im Haushalt nimmt mit zunehmendem Alter der Kinder ab, die Hauptverantwortung verbleibt jedoch bei den Müttern.[98]

Nur, wenn der Hauptverdiener seiner Partnerin während der Ehe Geld zukommen lässt, kann eine Teilzeit arbeitende Frau sich ein Polster für das Alter aufbauen. Leider trauen sich die wenigsten Frauen, das einzufordern. Dabei wissen die meisten in Teilzeit arbeitenden Frauen, dass sie später von ihrer Rente nicht leben können.

Altersarmut: Die unsichtbare Last der Frauen

Diese Ungleichheiten zwischen Männern und Frauen setzen sich bis ins Rentenalter fort. Die Zahlen des Statistischen Bundesamts zeichnen ein bedrückendes Bild: Deutlich mehr Rentnerinnen in Deutschland sind auf Unterstützung vom Staat angewiesen. 26 Prozent der Frauen und 19,5 Prozent der Männer über 65 Jahre sind demnach armutsgefährdet. Der Armuts- und Reichtumsbericht der Bundesregierung[99] benennt verschiedene Risikofaktoren für Altersarmut. Dazu zählen lang anhaltende Arbeitslosigkeit, fehlende Vorsorge bei Selbstständigkeit, eine lange Phase der Familienarbeit, Teilzeitarbeit, Scheidung oder Krankheit.

Altersarmut ist damit weniger eine Frage des Lebensalters als vielmehr der beruflichen Laufbahn. Wer über viele Jahre hinweg arbeitet und dabei ein gutes Einkommen erzielt, bleibt im Alter von Armut verschont. Besonders gefährdet sind alleinerziehende Frauen, Selbstständige und Migrantinnen. Ihre Lebensläufe weisen oft Unterbrechungen oder prekären Beschäftigungsverhältnisse auf – oft sogar beides. Prognosen zufolge wird der Anteil der Menschen, die im Jahr 2030 auf Grundsicherung im Alter angewiesen sein werden, von derzeit 3 auf 7 Prozent steigen.

Packen wir's an

Nicole Neumann, die wir zu Beginn des Buches kennengelernt haben, geht es heute gut. Sie arbeitet zu 80 Prozent als Rechtsanwältin und kommt finanziell gut über die Runden. Die Scheidung war zwar schrecklich, doch zugunsten ihrer Kinder hat sie auf einiges verzichtet. »Aber mir geht es finanziell gut und ich bin nicht mehr von ihm abhängig«, erklärt sie entspannt im Gespräch. Heute genießt sie es, nicht mehr auf die finanzielle Unterstützung ihres Ex-Mannes angewiesen zu sein. »Es ist so wichtig, sich mit dem Thema Finanzen auseinanderzusetzen«, betont sie.

Sparen und sich um seine Finanzen kümmern, kann Spaß machen. Mit diesem Buch haben Sie den ersten Schritt getan. Bleiben Sie dran: Lesen Sie Wirtschaftsmagazine und Bücher oder hören Sie auf langen Autofahrten Finanz-Podcasts. Es ist nicht so schwer, sich Finanzwissen anzueignen. Und vor allem: Sprechen Sie über Geld, sowohl mit Familie und Freunden als auch im beruflichen Umfeld.

Teilen Sie sich die Haus- und die Care-Arbeit mit Ihrem Partner, um mehr Freiräume zu gewinnen, Ihr Einkommen zu steigern und für die Rente vorzusorgen. Der Fachkräftemangel kann für Frauen eine große Chance sein, auch im Alter von über 50 Jahren noch einen guten Job zu finden. »Wir brauchen die berufstätigen Mütter dringender, als vielen von uns bewusst ist. Ja dringender als je zuvor. Und die Mütter haben das Recht, dass ihre Leistungen einen Wert darstellen, der Gegenleistungen erfordert«, fordert die Journalistin Anne Theiss.[100]

Die Erwerbstätigkeit von Frauen hilft nicht nur dabei, den Fachkräftemangel zu lindern, sondern sichert auch den wirtschaftlichen Wohlstand. Nur so können sich Frauen beruflich freier entfalten, finanzielle Unabhängigkeit gewinnen und mit einem existenzsichernden Einkommen der Altersarmut vorbeugen.

Rückblickend hätte ich mir gewünscht, schon in jungen Jahren mehr über unser Rentensystem, die Versorgungslücke und die verschiedenen Möglichkeiten, Geld klug anzulegen, zu erfahren.

Seien Sie ein Vorbild für andere Frauen. Nur so können wir verhindern, dass unsere Töchter die gleichen Erfahrungen machen wie wir. Tauschen Sie sich aus, sprechen Sie offen über Finanzen, sowohl mit Ihren Töchtern als auch mit Ihren Freundinnen.

Wir müssen die Rollenmuster unserer Eltern hinter uns lassen. Es ist Zeit für echte Gleichberechtigung. Frauen sind in vielen Wirtschaftsunternehmen und in der Politik immer noch unterrepräsentiert. Im Deutschen Bundestag liegt ihr Anteil 2024 bei nur knapp 35 Prozent. Solange das so bleibt, werden unsere Interessen weiter vernachlässigt. Was wir brauchen, sind Politikerinnen, Ministerinnen, Vorständinnen, Professorinnen und Kanzlerinnen – am besten Mütter, die die Interessen von anderen Müttern in der Politik und Wirtschaft vertreten. Veränderung gelingt nur, wenn wir alte Denkmuster aufheben. Gleiche Bezahlung von Männern und Frauen, gute Löhne und höhere Rentenansprüche sind das entscheidende Mittel gegen Altersarmut. Nur so sind alle Frauen im Alter finanziell abgesichert.

Bis »da oben« die nötige Umstellung erfolgt, müssen Sie selbst umso aktiver werden. Mit mehr Finanzwissen kennen Sie Wege, um Ihre Rentenlücke zu schließen. Ihnen bleiben noch einige Berufsjahre bis zur Rente – genug Zeit also! Nutzen Sie die Chance, um von Teilzeit auf Vollzeit zu wechseln, und verhandeln Sie ein höheres Gehalt. Oder suchen Sie eine neue, besser bezahlte Stelle.

Fangen Sie mit kleinen Schritten an. Suchen Sie sich eine Strategie aus, mit der Sie beginnen möchten. Haben Sie erst einmal den Fuß in der Tür, ergibt sich der nächste Schritt oft von selbst. Wichtig ist nur: Bleiben Sie am Ball, Ihre Zukunft wird es Ihnen danken.

10 Tipps, um mit der Altersvorsorge anzufangen

1. Finanzielle Unabhängigkeit beginnt, wenn wir uns um unsere Finanzen selbst kümmern. Geld bietet Sicherheit, Freiheit und Selbstverwirklichung. Beschäftigen Sie sich mit Geldthemen. Sprechen Sie mit Ihrem Partner, Ihren Kindern und Ihren Freundinnen über Finanzen, Rente, Versicherungen, Aktien und ETFs.

2. Eignen Sie sich Finanzwissen an. Lesen Sie Sachbücher, studieren Sie den Wirtschaftsteil der Zeitungen, hören Sie Podcasts über Finanzen. Finanzbildung ist entscheidend für gesellschaftliche Teilhabe und Chancengleichheit.

3. Teilen Sie sich die Haus- und die Care-Arbeit mit Ihrem Partner. Beziehen Sie auch Ihre Kinder in die Hausarbeiten ein. Erhöhen Sie Ihre Arbeitsstunden. So verdienen Sie mehr Geld und zahlen mehr in die Rentenversicherung ein.

4. Sehen Sie sich Ihren Beruf genauer an. Wie viel Geld verdienen Sie? Der Gender Pay Gap hat große Auswirkungen auf die Existenzsicherung von Frauen. Sie erhalten weniger Lohn und daher steht ihnen weniger Geld zur Verfügung. Wie hoch wird Ihre Rente ausfallen? Können Sie Ihre Arbeitsstunden noch aufstocken? Ihre Arbeit ist der wichtigste Posten für eine gelungene Altersvorsorge.

5. Haben Sie schon einmal Ihr Gehalt verhandelt? Wenn Sie diese Frage mit Nein beantworten, sollten Sie es unbedingt tun. Frauen werden in der Regel schlechter bezahlt als Männer. Frauen unterschätzen oft ihren Marktwert. Bereiten Sie sich sorgfältig vor und verhandeln Sie mehr Gehalt. In öffentlichen Büchereien finden Sie oft reichlich Literatur zum Thema Gehaltsverhandlung.

6. Lesen Sie Ihre Renteninformation: Die Deutsche Rentenversicherung schickt sie Ihnen jedes Jahr zu, wenn Sie mindestens 27 Jahre alt sind und bereits fünf Jahre Beiträge eingezahlt haben. Darin steht, wann Sie in Rente gehen können und wie viel Rente Sie voraussichtlich erhalten werden. Beachten Sie jedoch, dass Ihre künftige Rente durch die Inflation an Kaufkraft verliert. Zudem müssen Sie die Rente versteuern und Kranken- und Pflegekasse davon bezahlen. Werden Sie mit diesem Betrag zurechtkommen? Vermutlich kaum.

7. Vereinbaren Sie ein Beratungsgespräch zur Altersvorsorge bei der Rentenversicherung. Experten berechnen dort Ihre persönliche Rentenlücke. Diese Lücke beschreibt die Differenz zwischen Ihrem letzten monatlichen Nettoeinkommen und der voraussichtlichen Rente. Gerade für Frauen, die aufgrund von Teilzeitarbeit eine Versorgungslücke haben, kann dieses Gespräch sehr aufschlussreich sein.

8. Fangen Sie an zu sparen: Sparen Sie gleich am Monatsanfang 10 oder 20 Prozent Ihres Gehalts auf einem Tagesgeldkonto. Starten Sie mit dem Investieren, am besten mit einem ETF-Sparplan, ebenfalls als Dauerauftrag am Anfang des Monats, sodass Sie nicht daran denken müssen. Setzen Sie nicht alles auf eine Karte, sondern streuen Sie Ihr Risiko. Langfristige, breit gestreute ETF-Sparpläne sind eine gute Wahl, um erste Erfahrungen an der Börse zu sammeln.

9. Nehmen Sie alle Förderungen mit, wie staatliche Zuschüsse für die berufliche Altersvorsorge, Riester- und Betriebsrenten und Arbeitnehmersparzulage sowie vermögenswirksame Leistungen. Informieren Sie sich, welche Leistungen Ihnen zustehen.

10. Überzeugen Sie Ihren Partner, mehr im Haushalt und mit den Kindern zu machen. Denn nur wenn Sie Zeit haben, können Sie einer auskömmlichen Beschäftigung nachgehen und sich um Ihre Altersvorsorge kümmern.

Alles über Geldanlage: Glossar

Niemand ist als Finanzkennerin auf die Welt gekommen. Daher werden im Folgenden einige Grundbegriffe erklärt.

Aktien

Aktien sind Wertpapiere, die Anteile an einem Unternehmen repräsentieren und Investoren zu Miteigentümer machen. Ein Aktionär erhält bestimmte Rechte, etwa die Möglichkeit zur Mitsprache oder auch das Recht am Firmenerfolg beteiligt zu werden. Der Handel mit Aktien findet an der Börse statt, wo sie jederzeit gekauft und verkauft werden können. Dabei besteht jedoch das Risiko, dass der Verkaufspreis niedriger ist als der Kaufpreis. Daher sind Aktien eine liquide, aber keine sichere Geldanlage. An der Frankfurter Börse werden etwa 1,5 Millionen Aktien von deutschen und internationalen Unternehmen gehandelt. In Aktien sollte man nur Geld investieren, das man mindestens 10 Jahre entbehren kann.

Anleihe

Eine Anleihe ist ein Wertpapier, das Zinsen bringt. Man nennt sie auch Schuldverschreibung oder Rentenpapier. Anleger leihen dabei Unternehmen (Unternehmensanleihe) oder Staaten (Staatsanleihe) Geld. Anleihen dienen dazu, den Wert des Portfolios abzusichern und zu erhalten. Anders als bei Aktien werden Sie mit einer Anleihe nicht zum Teileigentümer. Als Inhaber einer Anleihe erhalten Sie feste Zinsen und profitieren von einer klar definierten Laufzeit.

Arbeitnehmersparzulage

Die Arbeitnehmersparzulage ist eine staatliche Prämie für Angestellte und Beamte mit geringerem Einkommen. Sie erhalten diese Prämie, wenn Sie vermögenswirksame Leistungen (VL) für den Vermögensaufbau oder die Altersvorsorge nutzen. Dafür investieren Sie Geld aus Ihrem Nettogehalt und/oder von Ihrem Arbeitgeber in eine Anlageform wie einen VL-Aktienfonds, ETF oder einen Bausparvertrag. Zusätzlich zu diesem Geld zahlt der Staat Ihnen die Arbeitnehmersparzulage als Prämie. Die Höhe der Prämie variiert je nach gewählter Anlageform. Die Arbeitnehmersparzulage ist steuer- und sozialversicherungsfrei. Ihr zu versteuerndes Einkommen darf seit Januar 2024 nicht höher sein als 40.000 Euro. Die Grenze bei Paaren liegt bei 80.000 Euro. Die Arbeitnehmersparzulage muss man jährlich mit der Steuererklärung beantragen.

Care-Arbeit

Care-Arbeit, auch Sorgearbeit genannt, umfasst Tätigkeiten des Sorgens und Sich-um-andere-Kümmerns. Diese Arbeit ist in der Regel unbezahlt und wird meist von Frauen geleistet. Innerhalb der Familie übernehmen Männer diese Pflichten selten, oft nur teilweise. Dieser Unterschied wird als Gender Care Gap bezeichnet. Er zeigt den unterschiedlichen Zeitaufwand, den Männer und Frauen für unbezahlte Sorgearbeit aufbringen. In Deutschland beträgt der Gender Care Gap 44,3 Prozent (Stand 2024). Das heißt, Frauen verwenden durchschnittlich täglich 44,3 Prozent mehr Zeit für unbezahlte Sorgearbeit. Care-Arbeit umfasst sämtliche Arbeiten im Haushalt und Garten, Kinderbetreuung, die Pflege von Angehörigen sowie ehrenamtliches Engagement. Diese Verantwortung, neuerdings als Mental Load bezeichnet, kann stark belasten und bis zum Burnout führen.

DAX

Der Deutsche Aktienindex, kurz DAX, fasst die 40 größten deutschen Aktiengesellschaften in einem Korb zusammen und bildet so die Wertentwicklung dieser Aktien ab. Viele dieser Unternehmen kennt man gut, wie Mercedes-Benz, Siemens oder Adidas. Am DAX kann man jederzeit ablesen, wie es um die wirtschaftliche Lage in Deutschland bestellt ist. SAP dominiert den DAX: Der Softwarehersteller aus Walldorf in Baden-Württemberg erreicht mit rund 215,3 Milliarden Euro die höchste Marktkapitalisierung aller 40 DAX-Unternehmen (Stand: 6. Januar 2025). Auf Platz 2 folgte die Siemens AG, die Deutsche Telekom landet auf Platz 3.

Depot

Aktien, Fonds, ETFs und Anleihen können nicht auf einem Girokonto verwaltet werden; dafür benötigt man ein Depotkonto. Fast jede Bank bietet die Eröffnung eines solchen Kontos an. Direktbanken und Neobroker locken mit günstigen Konditionen, denn sie bieten kostenlose Konten mit niedrigen Provisionen. Filialbanken hingegen verlangen oft hohe Gebühren, die die Rendite schmälern. Prüfen Sie die Preisstrukturen sorgfältig, die Unterschiede können mehrere Hundert Euro pro Jahr ausmachen.

Deutsche Rentenversicherung

Die Rentenkasse funktioniert wie ein großes Sammelbecken: Jeden Monat zahlen Arbeitnehmer und Arbeitgeber ihre Rentenbeiträge in dieses Becken ein. Diese Beiträge werden aber nicht angespart oder zurückgelegt, sondern unmittelbar an die aktuellen Rentner ausgezahlt. Dieses System nennt man Umlageverfahren. Jeder, der Beiträge zahlt, hat einen Anspruch darauf, dass die nächste Generation später auch weiter die eigene Rente finanziert. Aber: Durch den demografischen Wandel gibt es schon jetzt immer mehr Rentnerinnen und Rentner und immer weniger Beitragszahler.

Dividende

Eine Dividende ist die jährliche Gewinnausschüttung an die Aktionäre eines Unternehmens. Die Höhe der Dividende wird auf der Hauptversammlung des Unternehmens vorgeschlagen und durch die Abstimmung der Aktionäre beschlossen. Dabei besitzt jeder Aktionär so viele Stimmen, wie er Aktien hält. Da die Dividende vom erzielten Gewinn eines Unternehmens abhängt, kann ihre Höhe von Jahr zu Jahr variieren.

Entgeltpunkte

Die gesetzliche Rentenversicherung ermittelt Entgeltpunkte, um die Rentenhöhe zu berechnen. Dabei teilt sie den individuellen Verdienst eines Versicherten durch den Durchschnittsverdienst aller Beitragszahler. Ein Jahr mit einem durchschnittlichen Verdienst ergibt einen Entgeltpunkt. Wer nur die Hälfte des Durchschnittsverdienstes erzielt, erhält 0,5 Entgeltpunkte. Zusätzliche Punkte können aus rentenrechtlichen Zeiten wie Kindererziehung resultieren. Aktuell liegt der Wert eines Rentenpunkts bei 39,32 Euro. Um eine Rente von 2.000 Euro zu erhalten, bräuchte man derzeit 52 Entgeltpunkte (Stand 2024).

ETF

Ein Exchange Traded Fund (ETF) fasst verschiedene Wertpapiere wie Aktien oder Anleihen in einem Fonds zusammen. ETFs sind sozusagen eine Untergruppe der Fonds. In Deutschland gibt es sie erst seit 20 Jahren. Die Zeitschrift Capital nannte ETFs »eine Erfindung, die die Geldanlage revolutioniert hat«. Die Zusammensetzung der ETFs orientiert sich passiv an einem Index, zum Beispiel dem Deutschen Aktien Index DAX. Die Kosten sind sehr viel geringer als bei aktiv gemanagten Fonds.

Erwerbsminderungsrente

Wenn Menschen aus gesundheitlichen Gründen nicht mehr arbeiten können, ersetzt eine Rente wegen voller Erwerbsminderung ihr Einkommen. In Deutschland sind die Hürden für eine solche Rente hoch, über 40 Prozent der Anträge werden abgelehnt. Antragsteller müssen versicherungsrechtliche und medizinische Voraussetzungen erfüllen. Versicherungsrechtlich darf der Antragsteller die Regelaltersgrenze noch nicht erreicht haben. Zudem muss er mindestens fünf Jahre in der gesetzlichen Rentenversicherung versichert gewesen sein und in den letzten fünf Jahren vor Eintritt der Erwerbsminderung drei Jahre Pflichtbeiträge geleistet haben. Medizinisch prüfen die zuständigen Stellen, ob Rehabilitationsmaßnahmen die Arbeitsfähigkeit wiederherstellen können. Wenn das nicht möglich ist, ermitteln sie den Umfang der verbleibenden Arbeitsfähigkeit. Auf dieser Grundlage entscheiden sie, ob eine volle oder teilweise Erwerbsminderungsrente gewährt wird.

Festgeldkonto

Mit einem Festgeldkonto legen Verbraucher für einen festgelegten Zeitraum Geld mit festen Zinsen an. Ein Festgeldkonto wird bei der Bank oder im Internet eröffnet. Bei Eröffnung legt man die Laufzeit fest, wie lange das Geld fest angelegt werden soll (das geht von wenigen Wochen bis zu mehreren Jahren). Während dieser Anlagedauer gibt es keine Möglichkeit, auf das Geld zuzugreifen, da das Konto meist nicht aufzulösen ist. Überlegen Sie genau, wie lange Sie auf das Geld verzichten können.

Finanzielle Bildung

Finanzielle Bildung umfasst das Wissen und die Fähigkeit, fundierte finanzielle Entscheidungen zu treffen. Das fängt an beim Taschengeld, geht über das erste eigene Konto, über Versicherungen bis hin zur Rente. Menschen, die den Umgang mit Geld sowie das Verstehen von Investitionen, Schulden und Finanzinstrumenten beherrschen, können ein finanziell stabiles Leben führen und ihre finanziellen Ziele erreichen. Finanzielle Bildung ist der Schlüssel zu einem guten Umgang mit Geld.

Fondsgesellschaft

Eine Fondsgesellschaft ist ein Unternehmen, das sich auf die Auflage und Verwaltung von Investmentfonds spezialisiert hat. Die Gesellschaft investiert das Geld von Anlegern in Aktien, Anleihen, Derivate oder Sachwerte wie Immobilien oder Rohstoffe.

Offene Fonds

Bei einem offenen Fonds, wie es die meisten Publikumsfonds sind, können Anleger zu jeder Zeit Anteile kaufen oder verkaufen. Dies bietet den Vorteil, dass sie liquide bleiben, denn sie können jederzeit an ihr Geld kommen. Allerdings besteht das Risiko, dass man auch Verluste hinnehmen muss, wenn man das Geld zu einem bestimmten Zeitpunkt braucht. Daher eignen sich Fonds als langfristige Geldanlage.

Geschlossene Fonds

Geschlossene Fonds sind eine Form der Kapitalanlage, bei der eine bestimmte Summe Geld für ein spezifisches Projekt, wie beispielsweise einen Windpark oder einen Bürokomplex, eingesammelt wird. Sobald diese Summe erreicht ist, wird der Fonds für eine festgelegte Zeit geschlossen und es ist nicht möglich, Anteile zu verkaufen. Es gibt einige Risiken, die beachtet werden sollten. Dazu zählen lange Laufzeiten von bis zu 20 Jahren, der fehlende Zugriff auf das investierte Kapital, die Möglichkeit eines Totalverlusts oder zusätzlicher Nachzahlungen.

Gender Pay Gap

Der englische Begriff Gender Pay Gap bezeichnet den Verdienstabstand zwischen Männern und Frauen pro Arbeitsstunde. Man unterscheidet zwischen dem bereinigten und dem unbereinigten Gender Pay Gap. Der unbereinigte Gender Pay Gap zeigt die Differenz zwischen den Bruttostundenlöhnen der Geschlechter in Prozent und bezieht sich dabei auf den Verdienst der Männer. In Deutschland beträgt dieser Unterschied laut dem Statistischen Bundesamt aktuell 18 Prozent. Das bedeutet, dass Frauen durchschnittlich 18 Prozent weniger verdienen als Männer.

Der bereinigte Gender Pay Gap liegt bei 6 Prozent. Er berücksichtigt Unterschiede in Beruf, Position, Branche und Arbeitszeit. In Debatten über Gleichberechtigung wird üblicherweise der unbereinigte Wert herangezogen. Dies liegt daran, dass Männer häufiger höhere Positionen besetzen, während Frauen aufgrund ihrer Mutterrolle oft nur in Teilzeit tätig sind. Diese Faktoren zeigen eine Ungerechtigkeit auf dem Arbeitsmarkt und spiegeln sich in der Zahl wider.

Inflation

Die Inflations- oder Teuerungsrate gibt an, wie sich die Verbraucherpreise innerhalb eines Monats oder Jahres verändert haben. Sie zeigt,

wie viel teurer zum Beispiel Butter, Brillen, Bekleidung, Benzin oder der Besuch im Kino im Vergleich zum Vorjahr geworden sind. Die Messung basiert auf einem Warenkorb, der die Preisentwicklung verschiedener Güterarten zusammenfasst. Dieser Warenkorb repräsentiert alle Waren und Dienstleistungen, die von privaten Haushalten in Deutschland gekauft werden – von Lebensmitteln, Autos bis hin zum Friseurbesuch. Von einem Betrag von heute 1.000 Euro werden Sie bei einer Inflationsrate von 6 Prozent in fünf Jahren nur noch Dinge im Wert von 747 Euro kaufen können.
Einfacher ausgedrückt: Wenn dieser fiktive Warenkorb in diesem Jahr 100 Euro wert ist und im nächsten Jahr 102 Euro, dann liegt die Inflation bei 2 Prozent. Im Sommer 2022 lag die Inflationsrate in Deutschland bei über 7 Prozent. Selbst bei einer niedrigen Inflationsrate von zum Beispiel 3 Prozent müssen Sie für Güter, die heute 1.000 Euro kosten, in zehn Jahren 1.344 Euro ausgeben.

MSCI World

Der MSCI World ist ein bekannter Index für den Weltaktienmarkt. Er umfasst Aktien der 1.500 größten Unternehmen aus 23 Industriestaaten und wird fortlaufend berechnet. Unternehmen aus den USA sind dabei am stärksten vertreten, während Unternehmen aus Schwellenländern fehlen. Ursprünglich stand die Abkürzung für Morgan Stanley Capital International, einer Partnerschaft der Investmentbank Morgan Stanley und des Vermögensverwalters Capital International. Den Aktienindex gibt es seit 1986. Wer in den vergangenen Jahrzehnten beliebige 15 Jahre in den MSCI World investiert hatte, machte keinen Verlust – unabhängig vom Einstiegspunkt. Im Jahr 2024 gab es eine Wertsteigerung von 17 Prozent. Eine Einzelaktie birgt immer ein höheres Risiko als ein Fonds oder ETF.

Neobroker

Neobroker bieten ihren Kunden ein kostenloses Wertpapierdepot an, über das sie jederzeit und teilweise ohne Transaktionsgebühren Wertpapiere handeln können. Der Handel ist auch über das Smartphone möglich. Die Trading-Apps sind ansprechend gestaltet und einfach zu bedienen. Auch wenn viele Neobroker mit kostenlosen Angeboten und niedrigen Gebühren werben, gibt es nichts umsonst. Jede Transaktion kostet Geld. Die Broker verdienen zudem Provisionen, die sie offenlegen müssen.

Portfolio

In der Finanzwirtschaft ist ein Portfolio der gesamte Bestand Ihrer Geldanlage und Investitionen. Es umfasst alle Ihre Vermögenswerte, wie Aktien, Anleihen, Fonds, ETFs und auch Tagesgelder. Ein gut diversifiziertes Portfolio ist entscheidend, um Risiken zu minimieren und potenzielle Renditen zu maximieren. Es ist wichtig, das Portfolio regelmäßig zu überprüfen und anzupassen.

Pantoffel-Portfolio

Das Pantoffel-Portfolio – eine Idee von Stiftung Warentest – bietet eine einfache Methode der Geldanlage. Es besteht aus zwei Komponenten: dem Sicherheitsbaustein und dem risikobehafteten Baustein. Anleger bestimmen die Gewichtung dieser beiden Bausteine entsprechend ihrer individuellen Risikobereitschaft.
Der Sicherheitsbaustein besteht aus Tagesgeld und Festgeld. In einigen Fällen kann auch ein ETF hinzugefügt werden, der in hochwertige europäische Unternehmens- und Staatsanleihen investiert. Doch die Zinsen bei Anleihen-ETFs sind eher begrenzt.
Der risikobehaftete Teil des Pantoffel-Portfolios investiert in einen global diversifizierten ETF wie den MSCI World. Dieser ETF kauft Aktien und birgt daher ein höheres Risiko. Gleichzeitig bietet er die Chance auf höhere Renditen.

Regelaltersrente

Versicherte erhalten die Regelaltersrente, wenn sie die Regelaltersgrenze erreichen und die allgemeine Wartezeit von fünf Jahren erfüllen. Die Altersgrenze für die Regelaltersrente steigt schrittweise auf 67 Jahre. Für Personen, die 1949 geboren wurden, liegt die Altersgrenze bei 65 Jahren und drei Monaten. Versicherte müssen lediglich eine Wartezeit von fünf Jahren erfüllen, um Anspruch auf die Regelaltersrente zu haben. Die Gruppe der Regelaltersrentner ist sehr vielfältig. Dazu gehören Beamte, die vor ihrer Verbeamtung einige Jahre sozialversicherungspflichtig beschäftigt waren und somit die Voraussetzungen für die Regelaltersrente erfüllen. Auch westdeutsche Frauen mit geringer Erwerbsbeteiligung beziehen häufig eine Regelaltersrente. Aufgrund der kurzen Versicherungszeiten fallen die Regelaltersrenten oft niedrig aus. Wer die Regelaltersrente trotz erfüllter Wartezeit nach Erreichen der Altersgrenze nicht in Anspruch nimmt, erhält später einen Zuschlag und damit eine höhere Rente.

Renteninformation

Ab dem 27. Geburtstag erhalten Versicherte jährlich eine persönliche Renteninformation. Diese enthält den aktuellen Stand der erworbenen Rentenansprüche. Zudem bietet sie eine Hochrechnung der voraussichtlichen Altersrente und der Rentenansprüche bei einer möglichen Erwerbsminderung.

Risikostreuung

Für die Risikostreuung einer Geldanlage gibt es ein bekanntes Sprichwort: Nicht alle Eier in einen Korb legen. Stellen Sie sich vor, Sie haben einen Korb voll mit rohen Eiern. Wenn Sie alle Eier in einen Korb legen und er fällt hinunter, sind alle Eier kaputt. Genauso verhält es sich mit Ihren Investitionen. Wenn Sie Ihr gesamtes Kapital in nur eine einzige Anlage stecken und diese Anlage an Wert verliert, ist Ihr gesamtes Vermögen gefährdet. Einer der wichtigsten Grundsätze bei Geldanlagen ist also die sogenannte Streuung: Um das Risiko zu minimieren, verteilt man das Geld auf verschiedenen Anlageklassen, wie Tages- und Festgeld, Aktienfonds, ETFs, Anleihen, Immobilien oder Rohstoffe, wie Gold. Diese Strategie schützt vor einem Totalverlust und bietet eine ausgewogene Basis für Ihre finanzielle Zukunft.

Rohstoffe

Als Rohstoffe gelten Edelmetalle wie Gold und Silber sowie Rohstoffe, die in der Industrie verwendet werden, wie Rohöl, Holz, Kupfer und Agrarprodukte wie Weizen, Zucker und Sojabohnen.

Staatsanleihen

Staatsanleihen sind eine sichere Anlageform, bei der Anleger Geld an den Staat leihen und klare Rückzahlungsmodalitäten sowie Zinssätze vereinbaren. Diese Sicherheit macht Staatsanleihen vor allem für vorsichtige Anleger attraktiv. Regierungen bürgen in der Regel für die Rückzahlung, was das Risiko minimiert und sie zu einer der sichersten Anlageformen macht. In wirtschaftlich unsicheren Zeiten erfreuen sich Staatsanleihen daher großer Beliebtheit.

Tagesgeldkonto

Für alle, die ihr Geld sicher anlegen möchten, eignet sich ein Tagesgeldkonto. Es funktioniert ähnlich wie ein Girokonto: Man zahlt Geld ein und kann es jederzeit wieder abheben. Diese Anlageform eignet sich auch für jene, die ihr Geld nach kurzer Zeit für andere Zwecke benötigen. Einige Direktbanken bieten Zinsen auf das Tagesgeldkonto.

Unternehmensanleihen

Etwas mehr Rendite können Sie mit Unternehmensanleihen erwirtschaften. Firmen geben Anleihen aus, um Fremdkapital zu erhalten. Wie bei Staatsanleihen gibt es auch hier eine feste Laufzeit. Privatanleger müssen oft einen Mindestbetrag von 1.000, 5.000 oder 10.000 Euro investieren. Beim Kauf von Anleihen fallen auch Transaktionskosten an.

Zinseszins

Wenn Sie 1.000 Euro mit 5 Prozent Zinsen anlegen, dann haben Sie nach einem Jahr 1.050 Euro. Nach zwei Jahren sind es aber nicht 1.100 Euro, weil jetzt der Zinseszins-Effekt hinzukommt. Die 50 Euro des Vorjahres werden ja auch mit 5 Prozent verzinst. Darum hat man nach zwei Jahren schon 1.120,50 Euro.

Literatur

Andreß, Hans-Jürgen / Lohmann, Henning: Die wirtschaftlichen Folgen von Trennung und Scheidung, in: Schriftenreihe des Bundesministeriums für Familie, Senioren, Frauen und Jugend, Bd. 180, Stuttgart/ Berlin/ Köln 2000.

Binswanger, Mathias: Der Wachstumszwang. Warum die Volkswirtschaft immer weiterwachsen muss, selbst wenn wir genug haben, Weinheim 2019.

Bortenlänger, Christiane / Wickel, Horst: Finanzielle Vorsorge für Dummies, Weinheim 2009.

Brehm, Uta/Huebener, Andreas / Schmitz, Sophia: 15 Jahre Elterngeld: Erfolge, aber noch Handlungsbedarf, in: Bevölkerungsforschung AKTUELL (6/2022), S. 3–7. Verfügbar unter: <www.bib.bund.de/Publikation/2022/pdf/15-Jahre-Elterngeld-Erfolge-aber-noch-Handlungsbedarf.pdf> [16.1.2025].

Blundell, Inga / Hissel, Yvonne: Feministiken. Die Wahrheit über Gleichberechtigung, München 2022.

Braun, Nikolaus: Über Geld nachdenken. Klug entscheiden, gelassen bleiben, Lebensqualität gewinnen, Frankfurt 2021.

Brigitte: Eine Mutter klagt an: »Warum dürfen Väter sich einfach aus der Verantwortung stehlen!?«, in: Brigitte vom 19.1.2017.

Bucher-Koenen, Tabea (u. a.): Gender Differences in Financial Advice, in: Financial Advice. SAFE Working Paper, Nr.309, 2023.

Bücker, Teresa: Ist es radikal, alle Care-Arbeit selbst zu erledigen?, in: Süddeutsche Zeitung Magazin vom 15.1.2020.

Bücker, Teresa: Alle_Zeit. Eine Frage von Macht und Freiheit, Berlin 2024.

Bundesministerium für Arbeit und Soziales: Alterssicherungsbericht 2024, Berlin 2024. Verfügbar unter: <https://www.bmas.de/DE/Soziales/Rente-und-Altersvorsorge/rentenversicherungsbericht-art.html> [16.1.2025].

Bundesministerium für Familie, Senioren, Frauen und Jugend: Familienreport 2024, Berlin 2024.

Bundesministerium für Familie, Senioren, Frauen und Jugend: Mitten im Leben: Wünsche und Lebenswirklichkeiten von Frauen zwischen 30 und 50 Jahren, Berlin 2016.

Bundesministerium für Familie, Senioren, Frauen und Jugend: Gleiche Arbeit = Gleicher Lohn?, Berlin 2019.

Bundesregierung: Betriebliche Altersvorsorge stärken, 18.9.2024. Verfügbar unter: <https://www.bundesregierung.de/breg-de/aktuelles/betriebsrentenstaerkungsgesetz-2309310> [16.1.2025].

Connelly, Anne: Dein Money 1x1. Der Finanzguide für Frauen: Einfach und gut aufgestellt für alle Lebensphasen, München 2022.

Deutsche Rentenversicherung: Rentenversicherung in Zahlen 2024, Berlin 2024.

Eckardt, Katja: Reichtum ist Frauensache. Werde eine Finanzdiva, München 2016.

Eigner, Christian: Das Spar-Set. Kostenfallen aufspüren, Geldfresser eliminieren, neue Verträge abschließen, Überblick behalten, Berlin 2019.

Finanzen.net: MSCI Emerging Markets-ETF – die besten Schwellenländer-ETF auf den MSCI Emerging Markets, 5.11.2024. Verfügbar unter: <https://www.finanzen.net/ratgeber/msci-emerging-markets-etf/> [16.1.2025].

Finke, Christine: Finanzplaner Alleinerziehende. Geld und Recht: Das steht Ihnen zu, 2019. Berlin.

Fratzscher, Marcel: Diese Rentenreform ist für Frauen eine verpasste Chance, DIW 11.3.2024. Verfügbar unter: <https://www.diw.de/de/diw_01.c.896494.de/nachrichten/diese_rentenreform_ist_fuer_frauen_eine_verpasste_chance.html> [16.1.2025].

Friedrichs, Julia: Working ClasS. Warum wir Arbeit brauchen, von der wir leben können, Berlin 2021.

Gallego Granados, Patricia / Olthaus, Rebecca / Wrohlich, Katharina: Teilzeiterwerbstätigkeit. Überwiegend weiblich und im Durchschnitt schlechter bezahlt, Berlin 2019.

Gambaro, Ludovica (u. a.): Aufteilung von Erwerbs- und Sorgearbeit bei Eltern: Wunsch und Wirklichkeit liegen teils weit auseinander, in: DIW Wochenbericht (29/2024), S. 459–466, Berlin 2024.

Garsoffky, Susanne / Sembach, Britta: Die Kümmerfalle. Kinder, Ehe, Pflege, Rente – Wie die Politik Frauen seit Jahrzehnten verrät, München 2022.

Gerg, Viktoria: Wie hoch ist die Rente einer Hausfrau?, in: Main Post vom 24.10.2024.

Geyer, Johannes / Grabka, Markus M. / Haan, Peter: 20 Jahre Riester-Rente – Private Altersvorsorge braucht einen Neustart, Berlin 2021.

Gipp, Antonia / Hamdan, Jana Samira / Menkhoff, Lukas: Konsumkredite: Viele Menschen kennen ihre Zinsen nicht, in: DIW Wochenbericht Bd. 89, Nr. 37, Berlin 2022.

Görges, Luise: Who Cares? Arbeitsteilung in Familien als letzte Hürde auf dem Weg zur Gleichberechtigung, in: Ifo Schnelldienst (10/2022), München 2022.

Griga, Michael: Familienfinanzen für Dummies, Weinheim 2023.

Hackethal, Andreas (u. a.): Wie viel Rente wirst du bekommen? – Pilotstudie zur Einführung einer Renteninformationsplattform in Deutschland, Frankfurt 2018.

Happel, Birgit: Auf Kosten der Mütter. Warum finanzielle Selbstbestimmung für Frauen mit Familie so wichtig ist, München 2023.

Hans-Böckler-Stiftung: Minijobs sind ein Irrweg, in: Böckler Impuls, 05/2022, S. 4–5.

Hardenberg, Christiane von: Selbst investiert die Frau. Wie Sie selbstbestimmt und mit Leichtigkeit Ihr Geld vermehren, Hamburg 2021.

Hardenberg, Christiane von: Mach mehr aus deinem Geld. Alles, was man über Vermögensaufbau wissen muss, Hamburg 2024.

Honisch, Margarethe: Easy Money. Wie du deine Finanzen regelst, endlich vorsorgst und trotzdem gut lebst, München 2009.

Honisch, Margarethe: So wirst du finanziell frei. 13 clevere Geldstrategien erfolgreicher Frauen, München 2022.

J. P. Morgan Asset Management: Women and Investing. Planning for the future, Januar 2021. Verfügbar unter: <https://am.jpmorgan.com/content/dam/jpm-am-aem/emea/regional/en/insights/investment-themes/women-investing-report.pdf> [16.1.2025].

Kaiser, Mareice: Wie viel. Was wir mit Geld machen und was Geld mit uns macht, Hamburg 2022.

Kaufmann, Beate: Einfach machen. Geldanlage nachhaltig und erfolgreich, Verbraucherzentrale NRW, Düsseldorf 2023.

Kiyosaki, Robert T.: Rich Dad Poor Dad. Was die Reichen ihren Kindern über Geld beibringen, München 2014.

Kneifel, Claudia: Wirkt sich die Corona-Krise auf meine Altersvorsorge aus?, in: Main-Post vom 27.5.2020.

Kopplin, Ilka: »Frauen und Finanzen: Es ist nicht so schwer«, in: Frankfurter Allgemeine Zeitung vom 9.5.2024.

Krempel, Annika: Finanzen verstehen. 100 Infografiken zu Geldanlage, Steuern und Versicherungen, mit Illustrationen von René Reichelt, Berlin 2023.

Mary, Michael: Die Liebe und das liebe Geld. Vom letzten Tabu in Paarbeziehungen, München 2018.

Meier, Birte: Equal Pay Now! Endlich gleiches Gehalt für Frauen und Männer – Was wir jetzt tun können, München 2023.

Menne, Sarah/Funcke, Antje: Factsheet. Alleinerziehende in Deutschland, Gütersloh 2024.

Moldenhauer, Susan J.: Kenn deinen Wert! Der Gehaltsratgeber für Frauen, Hamburg 2022.

OECD: Dare to Share – Deutschlands Weg zur Partnerschaftlichkeit in Familie und Beruf, Paris 2016.
Parthum, Dani: Wie sage ich meinem Mann, dass ich über Geld reden will?, 13.5.2023. Verfügbar unter: <https://www.stern.de/wirtschaft/finanzen--wie-sage-ich-meinem-mann--dass-ich-ueber-geld-reden-will--33460062.html> [16.1.2025].
Parthum, Dani: Zu niedrige Honorare. Wenn Selbstständige kein Geld für die Altersvorsorge haben, in: Capital vom 2.3.2023.
Pohlmann. Isabell: Altersvorsorge für Selbstständige. Rechtzeitig planen, sinnvoll vorsorgen, Berlin 2022.
Preuß, Roland: Millionen Riester-Verträge gekündigt, in: Süddeutsche Zeitung vom 6.9.2024.
Radenacker, Anke: Männer klar im Vorteil. Frauen tragen bei der Trennung weiterhin die finanzielle Hauptlast. in: WZB Mitteilungen, 134 (2011), S. 10–12.
Rennefanz, Sabine: Frauen und Kinder zuletzt. Wie Krisen gesellschaftliche Gerechtigkeit herausfordern, Berlin 2022.
Schulz, Stefan: Die Altenrepublik. Wie der demographische Wandel unsere Zukunft gefährdet, Hamburg 2022.
Sick, Helma / Schmidt, Renate: Ein Mann ist keine Altersvorsorge. Warum finanzielle Unabhängigkeit für Frauen so wichtig ist, München 2019.
Schäfer, Marielle / Schäfer, Mike: Love and Money. Gemeinsam Finanzen zukunftssicher und erfolgreich gestalten, München 2023.
Schäper, Clara / Schrenker, Annekatrin / Wrohlich, Katharina: Gender Pay Gap und Gender Care Gap steigen bis zur Mitte des Lebens stark an, Berlin 2023.
Schönauer, Inken: Frauen raus aus der Komfortzone!, in: Frankfurter Allgemeine Zeitung vom 14.3.2024.
Schöppner, Klaus-Peter: Finanzielle Vorsorge. Einstellung und Verhalten der 21- bis 65-jährigen deutschen Wohnbevölkerung, Bielefeld 2023.
Sondergeld, Virginia/Wrohlich, Katharina/Kirsch, Anja: Frauenanteil in Vorständen großer Unternehmen gestiegen, meist bleibt es aber bei höchstens einer Frau, Berlin 2024.
Statistisches Bundesamt: Anzahl der Erwerbstätigen (Arbeitnehmer und Selbstständige) mit Wohnort in Deutschland 2012 bis 2023, (9.8.2024). Verfügbar unter: <https://de.statista.com/statistik/daten/studie/979999/umfrage/anzahl-der-erwerbstaetigen-mit-arbeitsort-in-deutschland/> [16.1.2025].
Statistisches Bundesamt: Gender Pay Gap 2023: Deutschland bleibt eines der EU-Schlusslichter, (Stand 4.3.2024). Verfügbar unter: <https://www.destatis.de/Europa/DE/Thema/Bevoelkerung-Arbeit-Soziales/Arbeitsmarkt/GenderPayGap.html> [16.1.2025].

Statistisches Bundesamt: Steuererklärung. Durchschnittliche Rückerstattung lag bei 1063 Euro, (o. D.). Verfügbar unter: <https://www.destatis.de/DE/Themen/Staat/Steuern/Lohnsteuer-Einkommensteuer/im-fokus-steuererklaerung.html> [16.1.2025].

Statista, Gender Pay Gap: Verdienstabstand zwischen Männern und Frauen in Deutschland von 2000 bis 2023. Veröffentlicht von Statista Research Department 12.3.2024. Verfügbar unter: <https://de.statista.com/statistik/daten/studie/3261/umfrage/gender-pay-gap-in-deutschland/> [16.1.2025].

Stocker, Frank: 80 Prozent Gewinn nach 7 Jahren – dieses unbekannte Geldgeschenk sollten Sie kennen, in: Die Welt vom 19.7.2024.

Swiss Life: Die Mitlife-Crisis als Chance, 8.1.2024. Verfügbar unter: <https://www.swisslife.com/de/home/blog/interview-pasqualina-perrig-chiello.html> [16.1.2025].

Theiss, Anne: Die Abwertung der Mütter. Wie überholte Familienpolitik uns den Wohlstand kostet, München 2023.

Uwagba, Otegha: Wir müssen über Geld sprechen. Frauen, Finanzen und Freiheit, Hamburg 2022.

Verbraucherzentrale: Für wen kann sich die Riester-Rente lohnen?, 16.12.2024 Verfügbar unter: <verbraucherzentrale.de/wissen/geld-versicherungen/altersvorsorge/fuer-wen-kann-sich-die-riesterrente-lohnen-6854> [16.1.2025].

Verbraucherzentrale Bundesverband: Reform der kapitalgedeckten Zusatzvorsorge nicht in der betrieblichen Altersversorgung verankern, Berlin 2021. Verfügbar unter: <https://www.vzbv.de/sites/default/files/2021-11/21-11-15%20T-FIN_Kurzpapier%20Kritik%20an%20der%20bAV%20-%20final.pdf> [16.1.2025].

Verbraucherzentrale Hamburg: Vor- und Nachteile der betrieblichen Altersvorsorge, 29.11.2023. Verfügbar unter: <https://www.vzhh.de/themen/finanzen/altersvorsorge-riester-ruerup-betriebsrente/vor-nachteile-der-betrieblichen-altersvorsorge> [16.1.2025].

Verbraucherzentrale Hamburg: Rürup Rente? Ist die sinnvoll?, 17.1.2023. Verfügbar unter: <www.vzhh.de/themen/finanzen/altersvorsorge-riester-ruerup-betriebsrente/ruerup-rente-ist-die-sinnvoll> [16.1.2025].

Wegelin, Natascha: Madame Moneypenny. Wie Frauen ihre Finanzen selbst in die Hand nehmen können, Hamburg 2018.

Wippermann, Carsten: Frauen im Minijob. Motive und (Fehl-)Anreize für die Aufnahme geringfügiger Beschäftigung im Lebenslauf, Berlin 2012.

Zehbe, Astrid / Meyer Daniela: Geld interessiert mich einfach nicht. Bullshitsätze über Finanzen und wie du dich von ihnen befreist, München 2024.

Studien

Barišić, Manuela / Consiglio, Valentina Sara: Frauen auf dem deutschen Arbeitsmarkt. Was es sie kostet, Mutter zu sein, Gütersloh 2020. Verfügbar unter: <https://doi.org/10.11586/2020031> [16.1.2025].

Ebert, Stefan / Grote, Michael / Laudenbach, Christine: Zum Rätsel der Aktienmarktteilnahme in Deutschland. Studie der Frankfurt School of Finance & Management, 2019. Verfügbar unter: <https://backend.awi.uni-heidelberg.de/de/dokumente/zum-raetsel-der-aktienmarktteilnahme/download> [16.1.2025].

IU Internationale Hochschule (1): Finanzelle Bildung. Wie steht es um das Finanzwissen in Deutschland, Erfurt 3.5.2023. Verfügbar unter: <https://static.iu.de/studies/Finanzielle-Bildung-in-Deutschland.pdf?> [16.1.2025].

IU Internationale Hochschule (2): Kind und Karriere. Vereinbar für alle?, 31.3.2023 Erfurt. Verfügbar unter: <https://static.iu.de/studies/iu-studie-kind-und-karriere.pdf?> [16.1.2025].

Niessen-Ruenzi, Alexandra / Schneider, Christoph: The Gender Pension Gap in Germany, ifo Institute, München 2022, in: CESifo Forum 23 (2), S. 20-24. Verfügbar unter: <https://www.cesifo.org/de/publikationen/2022/aufsatz-zeitschrift/gender-pension-gap-germany-reasons-and-remedies> [16.1.2025].

Niessen-Ruenzi, Alexandra / Schneider, Christoph: The Gender Pension Gap in Germany, Pressemitteilug der Universität Mannheim zur Kurzstudie der Universität im Auftrag von Fidelity International, September 2019. Verfügbar unter: <https://www.uni-mannheim.de/newsroom/presse/pressemitteilungen/2019/september/gleicher-job-weniger-rente-frauen-erhalten-26-prozent-weniger-gesetzliche-rente-als-maenner/> [16.1.2025].

Haselsteiner, Robert / Wolsdorf, Marcus (Hg.), Finanztip Stiftung: Finanzwissen in Deutschland, München September 2021. Verfügbar unter: <https://www.finanztip-stiftung.de/fileadmin/image_3.0/Sonstiges/Stiftungsstudie_2021/Finanzwissen-Studie-Finanztip-Stiftung.pdf> [16.1.2025].

Anmerkungen

1 Bundesministerium für Familie, Senioren, Frauen und Jugend: Familienreport 2024, Berlin 2024.

2 OECD: Dare to Share – Deutschlands Weg zur Partnerschaftlichkeit in Familie und Beruf, Paris 2016.

3 Bundesministerium für Familie, Senioren, Frauen und Jugend: Mitten im Leben: Wünsche und Lebenswirklichkeiten von Frauen zwischen 30 und 50 Jahren, Berlin 2016.

4 Swiss Life: Die Mitlife-Crisis als Chance, Verfügbar unter: <https://www.life.com/de/home/blog/interview-pasqualina-perrig-chiello.html> [8.1.2024].

5 Statista, Gender Pay Gap: Verdienstabstand zwischen Männern und Frauen in Deutschland von 2000 bis 2023. Statista Research Department, 12.3.2024. Verfügbar unter: <https://de.statista.com/statistik/daten/studie/3261/umfrage/gender-pay-gap-in-deutschland/> [16.1.2025].

6 Radenacker, Anke: Männer klar im Vorteil. Frauen tragen bei der Trennung weiterhin die finanzielle Hauptlast. in: WZB Mitteilungen, 134 (2011), S. 10–12.

7 Postbank Studie, Finanzen 2019: Trübe Aussichten für Singles. 12.12.2028. Verfügbar unter: <https://www.postbank.de/unternehmen/medien/meldungen/2018/dezember/finanzen-2019-truebe-aussichten-fuer-singles.html> [16.1.2025].

8 Menne, Sarah/Funcke, Antje: Factsheet. Alleinerziehende in Deutschland, Gütersloh 2024.

9 Deutsche Rentenversicherung: Rentenversicherung in Zahlen 2024, Berlin 2024.

10 Statista, Durchschnittliche Zahlbeträge der Renten wegen Todes in Deutschland von 1992 bis 2022 nach Rentenarten. Statista Research Department, 6.12.2024. Verfügbar unter: <https://de.statista.com/statistik/daten/studie/944178/umfrage/zahlbetraege-der-renten-wegen-todes-in-deutschland-nach-rentenarten/> [16.1.2025].

11 IU Internationale Hochschule 2023: Finanzelle Bildung. Wie steht es um das Finanzwissen in Deutschland, Verfügbar unter: <https://static.iu.de/studies/Finanzielle-Bildung-in-Deutschland.pdf?> [3.5.2023], Erfurt.

12 Mary, Michael: Die Liebe und das liebe Geld. Vom letzten Tabu in Paarbeziehungen, München 2018.

13 Ebd.

14 Parthum, Dani: Wie sage ich meinem Mann, dass ich über Geld reden will? Verfügbar unter: <https://www.stern.de/wirtschaft/finanzen--wie-sage-ich-meinem-mann--dass-ich-ueber-geld-reden-will--33460062.html> [11.5.2023].

15 Mary 2018.

16 Münster, Claudia (Hg.): Brigitte Spezial, Der große Finanz Guide für Frauen, Hamburg 2023.

17 Wrede, Insa: Frauen und Geldanlage. Oft kümmert sich eher der Mann, verfübar unter: <https://www.dw.com/de/frauen-und-geldanlage-um-das-verm%C3%B6gen-k%C3%BCmmert-sich-oft-der-mann/a-64162832> [3.1.2023].

18 Happel, Birgit: Auf Kosten der Mütter. Warum finanzielle Selbstbestimmung für Frauen mit Familie so wichtig ist, München 2023.

19 Finanztip Stiftung: Finanzwissen in Deutschland, September 2021 München. Verfübar unter: <https://www.finanztip-stiftung.de/finanzwissen-studie/> [16.1.2025].

20 IU Internationale Hochschule 2023 (1).

21 Finfluencer setzt sich aus den Wörtern »Finanzen« und »Influencer« zusammen und beschreibt Influencer, die sich auf Finanzthemen spezialisiert haben.

22 Braun, Nikolaus: Über Geld nachdenken. Klug entscheiden, gelassen bleiben, Lebensqualität gewinnen, Frankfurt 2021.

23 Bundesanstalt für Finanzdienstleistungsaufsicht: Geldanlage. Top–Renditen durch Finanz–Coachings aus dem Internet? Verfügbar unter: <www.bafin.de/DE/Verbraucher/GeldanlageWertpapiere/verbraucher_finanzcoaching.html?nn=19643362> [16.1.2025].

24 J.P. Morgan Asset Management, Studie: Frauen und Geldanlage. Januar 2021. Verfügbar unter: <https://www.w-t-w.org/de/wp-content/uploads/2022/01/Studie-JPMAM_Frauen-und-Geldanlage-2021-Fu%CC%88r-die-Zukunft-planen.pdf> [16.1.2025].

25 Schönauer, Inken: Frauen raus aus der Komfortzone!, in: Frankfurter Allgemeine Zeitung vom 14.3.2024.

26 Sondergeld, Virginia / Wrohlich, Katharina / Kirsch, Anja: Frauenanteil in Vorständen großer Unternehmen gestiegen, meist bleibt es aber bei höchstens einer Frau, Berlin 2024.

27 Uwagba, Otegha: Wir müssen über Geld sprechen. Frauen, Finanzen und Freiheit, Hamburg 2022.

28 Schäper, Clara / Schrenker, Annekatrin / Wrohlich, Katharina: Gender Pay Gap und Gender Care Gap steigen bis zur Mitte des Lebens stark an, Berlin 2023.

29 Happel 2023, S. 57.

30 Niessen-Ruenzi, Alexandra / Schneider, Christoph: The Gender Pension Gap in Germany, Pressemitteilung der Universität Mannheim zur Kurzstudie der Universität im Auftrag von Fidelity International, September 2019. Verfügbar unter: <https://www.uni-mannheim.de/newsroom/presse/pressemitteilungen/2019/september/gleicher-job-weniger-rente-frauen-erhalten-26-prozent-weniger-gesetzliche-rente-als-maenner/> [16.1.2025].

31 Happel 2023, S. 91.

32 IU Internationale Hochschule: Kind und Karriere. Vereinbar für alle?, 21.3.2023 Erfurt. Verfügbar unter: <https://static.iu.de/studies/iu-studie-kind-und-karriere.pdf> [16.1.2025].

33 Brehm, Uta/Huebener, Andreas/Schmitz, Sophia: 15 Jahre Elterngeld: Erfolge, aber noch Handlungsbedarf, in: Bevölkerungsforschung AKTUELL (6/2022), S. 3–7. Verfügbar unter: <www.bib.bund.de/Publikation/2022/pdf/15-Jahre-Elterngeld-Erfolge-aber-noch-Handlungsbedarf.pdf> [16.1.2025].

34 Garsoffky, Susanne / Sembach, Britta: Die Kümmerfalle. Kinder, Ehe, Pflege, Rente – Wie die Politik Frauen seit Jahrzehnten verrät, München 2022, S. 128.

35 Fratzscher, Marcel: Diese Rentenreform ist für Frauen eine verpasste Chance, DIW Berlin, 11.3.2024. Verfügbar unter: <https://www.diw.de/de/diw_01.c.896494.de/nachrichten/diese_rentenreform_ist_fuer_frauen_eine_verpasste_chance.html> [16.1.2025].

36 Gerg, Viktoria: Wie hoch ist die Rente einer Hausfrau?, in: Main-Post vom 24.10.2024.

37 Wippermann, Carsten: Frauen im Minijob. Motive und (Fehl-)Anreize für die Aufnahme geringfügiger Beschäftigung im Lebenslauf, Berlin 2012.

38 Hans-Böckler-Stiftung: Minijobs sind ein Irrweg, in: Böckler Impuls, 05/2022, S. 4–5.

39 Wippermann 2012.

40 Gambaro, Ludovica (u.a.): Aufteilung von Erwerbs- und Sorgearbeit bei Eltern: Wunsch und Wirklichkeit liegen teils weit auseinander, in: DIW Wochenbericht (29/2024), S. 459–466, Berlin 2024.

41 Schäfer, Marielle / Schäfer, Mike: Love and Money. Gemeinsam Finanzen zukunftssicher und erfolgreich gestalten, München 2023.

42 Sozialpolitik aktuell, Institut Arbeit und Quailfikation der Universität Duisburg-Essen, Teilzeitquote nach Alter und Geschlecht 2023. Quelle Mikrozensus des Statistischen Bundesamts 2023. Verfügbar unter: <https://www.sozialpolitik-aktuell.de/files/sozialpolitik-aktuell/_Politikfelder/Arbeitsmarkt/Datensammlung/PDF-Dateien/abbIV73.pdf> [16.1.2025].

43 Gallego Granados, Patricia / Olthaus, Rebecca / Wrohlich, Katharina: Teilzeiterwerbstätigkeit. Überwiegend weiblich und im Durchschnitt schlechter bezahlt, Berlin 2019.

44 Theiss, Anne: Die Abwertung der Mütter. Wie überholte Familienpolitik uns den Wohlstand kostet, München 2023.

45 Statistisches Bundesamt: Anzahl der Erwerbstätigen (Arbeitnehmer und Selbstständige) mit Wohnort in Deutschland 2012 bis 2023, Statista 9.8.2024. Verfügbar unter: <https://de.statista.com/statistik/daten/studie/979999/umfrage/anzahl-der-erwerbstaetigen-mit-arbeitsort-in-deutschland/> [16.1.2025].

46 Parthum, Dani: Zu niedrige Honorare. Wenn Selbstständige kein Geld für die Altersvorsorge haben, in: Capital vom 2.3.2023.

47 Pohlmann, Isabell: Altersvorsorge für Selbstständige. Rechtzeitig planen, sinnvoll vorsorgen, Stiftung Warentest (Berlin 2022).

48 Stiftung Warentest, Altersvorsorge für Selbstständige: So regeln Sie Ihre Rente, 3.8.2020. Verfügbar unter: <https://www.test.de/Altersvorsorge-fuer-Selbststaendige-So-regeln-Sie-Ihre-Rente-5282827–0/> [16.1.2025].

49 »Frauen haben Angst, unverschämt zu wirken«, Interview mit Ljubow Strobel, in: Zukunft jetzt, Magazin der Deutschen Rentenversicherung, Ausgabe 2/24, Berlin, S. 22. Verfügbar unter: <https://www.deutsche-rentenversicherung.de/SharedDocs/Downloads/DE/Traeger/Saarland/Zukunft-Jetzt/Zukunft-Jetzt-Ausgabe-02-2024.html> [16.1.2025].

50 Ebd.

51 Uwagba 2022.

52 YouGov: Zwei von fünf Deutschen haben schon einmal um eine Gehaltserhöhung gebeten. Zielgruppenanalyse Gehaltsverhandler, 14.2.2023, <https://yougov.de/economy/articles/45229-zwei-von-funf-deutschen-haben-schon-einmal-um-eine> [16.1.2025].

53 Bundesministerium für Familie, Senioren, Frauen und Jugend: Gleiche Arbeit=Gleicher Lohn?, Berlin 2019.

54 DGB, Equal Pay: Lohnlücke endlich schließen, August 2024. Verfügbar unter: <https://www.dgb.de/geld/equal-pay/#c4949> [16.1.2025].

55 Bundesministerium für Familie, Senioren, Frauen und Jugend 2019.

56 Statistisches Bundesamt, Gender Pension Gap: Alterseinkünfte von Frauen 2021 fast ein Drittel niedriger als die von Männern. Pressemitteilung Nr. N 015 vom 7.3.2023. Verfügbar unter: <https://www.destatis.de/DE/Presse/Pressemitteilungen/2023/03/PD23_N015_12_63.html> [16.1.2025].

57 Bundesregierung: Betriebliche Altersvorsorge stärken, Verfügbar unter: <https://www.bundesregierung.de/breg-de/aktuelles/betriebsrentenstaerkungsgesetz-2309310> [18.9.2024].

58 Verbraucherzentrale Hamburg: Vor- und Nachteile der betrieblichen Altersvorsorge, Verfügbar unter: <https://www.vzhh.de/themen/finanzen/altersvorsorge-riester-ruerup-betriebsrente/vor-nachteile-der-betrieblichen-altersvorsorge> [29.11.2023].

59 Verbraucherzentrale Bundesverband: Reform der kapitalgedeckten Zusatzvorsorge nicht in der betrieblichen Altersversorgung verankern, Berlin 2021.

60 Klotz, Martin: Betriebliche Altersvorsorge. Mit Hilfe des Chefs für die Rente sparen. Finanztip, 03.01.2025. Verfügbar unter: <https://www.finanztip.de/betriebliche-altersvorsorge/> [16.1.2025].

61 Hackethal, Andreas (u. a.): Wie viel Rente wirst du bekommen? – Pilotstudie zur Einführung einer Renteninformationsplattform in Deutschland, Frankfurt 2018.

62 Bundesministerium für Familie, Senioren, Frauen und Jugend 2016, S. 11.

63 Schöppner, Klaus-Peter: Finanzielle Vorsorge. Einstellung und Verhalten der 21- bis 65-jährigen deutschen Wohnbevölkerung, Bielefeld 2023.

64 Stocker, Frank: 80 Prozent Gewinn nach 7 Jahren – dieses unbekannte Geldgeschenk sollten Sie kennen, in: Die Welt vom 19.7.2024.

65 Preuß, Roland: Millionen Riester-Verträge gekündigt, in: Süddeutsche Zeitung vom 6.9.2024.

66 Geyer, Johannes / Grabka, Markus M. / Haan, Peter: 20 Jahre Riester-Rente – Private Altersvorsorge braucht einen Neustart, Berlin 2021.

67 Das Sozio-oekonomische Panel (SOEP) ist eine repräsentative Wiederholungsbefragung von Privathaushalten in Deutschland. Die Befragung wird jährlich seit 1984 vom Deutschen Institut für Wirtschaftsforschung e.V. (DIW) bei denselben Personen und Familien durchgeführt. Aktuell werden rund 30.000 Personen und 15.000 Haushalten befragt.

68 Bundesministerium für Arbeit und Soziales (Hrsg.): Alterssicherungsbericht 2024, 13.11.2024. Verfügbar unter: <https://www.bmas.de/DE/Soziales/Rente-und-Altersvorsorge/rentenversicherungsbericht-art.html> [16.1.2025].

69 Geyer / Grabka / Haan 2021.

70 Verbraucherzentrale: Für wen kann sich die Riester-Rente lohnen? Verfügbar unter: <verbraucherzentrale.de/wissen/geld-versicherungen/altersvorsorge/fuer-wen-kann-sich-die-riesterrente-lohnen-6854> [6.12.2024].

71 Verbraucherzentrale Hamburg: Rürup Rente? Ist die sinnvoll?, 17.1.2023. Verfügbar unter: <www.vzhh.de/themen/finanzen/altersvorsorge-riester-ruerup-betriebsrente/ruerup-rente-ist-die-sinnvoll> [16.1.2025].

72 Ebd.

73 Statistisches Bundesamt: Steuererklärung. Durchschnittliche Rückerstattung lag bei 1.063 Euro. Verfügbar unter <https://www.destatis.de/DE/Themen/Staat/Steuern/Lohnsteuer-Einkommensteuer/im-fokus-steuererklaerung.html> [16.1.2025].

74 Eigner, Christian: Das Spar-Set. Kostenfallen aufspüren, Geldfresser eliminieren, neue Verträge abschließen, Überblick behalten, Berlin 2019.

75 Hardenberg, Christiane von: Selbst investiert die Frau. Wie Sie selbstbestimmt und mit Leichtigkeit Ihr Geld vermehren, Hamburg 2021.

76 Fey, Gerrit / Gierlich, Carl Philipp (Hg.), Aktionärszahlen des Deutschen Aktieninstituts 2024. Verfügbar unter: <https://www.dai.de/fileadmin/user_upload/DAI_24037_Aktionaerszahlen_2024_250108_150dpi.pdf> [16.01.2025]

77 Kopplin, Ilka: »Frauen und Finanzen: Es ist nicht so schwer!«, in: Frankfurter Allgemeine Zeitung vom 9.5.2024.

78 Finke, Christine: Finanzplaner Alleinerziehende. Geld und Recht. Das steht Ihnen zu, Berlin 2019, S. 45.

79 Bucher-Koenen, Tabea (u. a.): Gender Differences in Financial Advice, in:

Financial Advice. SAFE Working Paper, Nr. 309 [2023].

80 J. P. Morgan Asset Management: Women and Investing. Planning for the future, Januar 2021. Verfügbar unter: <https://am.jpmorgan.com/content/dam/jpm-am-aem/emea/regional/en/insights/investment-themes/women-investing-report.pdf> [16.1.2025].

81 Binswanger, Mathias: Der Wachstumszwang. Warum die Volkswirtschaft immer weiterwachsen muss, selbst wenn wir genug haben, Weinheim 2019.

82 Kneifel, Claudia: Wirkt sich die Corona-Krise auf meine Altersvorsorge aus?, in: Main-Post vom 27.5.2020.

83 Ebd.

84 Finanzen.net: MSCI Emerging Markets-ETF – die besten Schwellenländer-ETF auf den MSCI Emerging Markets, Verfügbar unter: <https://www.finanzen.net/ratgeber/msci-emerging-markets-etf/> [23.9.2024].

85 Ebert, Stefan / Grote, Michael / Laudenbach, Christine: Zum Rätsel der Aktienmarktteilnahme in Deutschland. Studie der Frankfurt School of Finance & Management, 2019. Verfügbar unter: <https://backend.awi.uni-heidelberg.de/de/dokumente/zum-raetsel-der-aktienmarktteilnahme/download> [16.1.2025].

86 <https://www.finanzenmitfranzi.de/> [16.1.2025].

87 Hardenberg 2021, S. 212.

88 Schönauer 2024.

89 Münster, Claudia: Bereit für die Börse. Brigitte. Der große Finanz-Guide für Frauen. S. 31.

90 Brigitte: Eine Mutter klagt an: »Warum dürfen Väter sich einfach aus der Verantwortung stehlen!?«, in: Brigitte vom 19.1.2017.

91 Griga, Michael: Familienfinanzen für Dummies, S. 125, Weinheim 2023.

92 Rennefanz, Sabine: Frauen und Kinder zuletzt. Wie Krisen gesellschaftliche Gerechtigkeit herausfordern, S. 56, Berlin 2022.

93 Entgeltpunkte oder Rentenpunkte sind die zentrale Werteinheit in der gesetzlichen Rentenversicherung in Deutschland. Der Wert eines Rentenpunkts ist derzeit (Stand 2024) 39,32 Euro.

94 Meier, Birte: Equal Pay Now! Endlich gleiches Gehalt für Frauen und Männer – Was wir jetzt tun können, München 2023.

95 Verfügbar unter: <www.bundesarbeitsgericht.de/entscheidung/8-azr-450-21> [16.2.2023].

96 Statistisches Bundesamt: Gender Pay Gap 2023: Deutschland bleibt eines der EU-Schlusslichter, 4.2.2024. Verfügbar unter: <https://www.destatis.de/Europa/DE/Thema/Bevoelkerung-Arbeit-Soziales/Arbeitsmarkt/PayGap.html> [16.1.2025].

97 Görges, Luise: Who Cares? Arbeitsteilung in Familien als letzte Hürde auf dem Weg zur Gleichberechtigung, in: Ifo Schnelldienst (10/2022), München 2022.

98 Ebd.

99 Siebter Armuts- und Reichtumsbericht (7. ARB) der Bundesregierung. Verfügbar unter: <https://www.armuts-und-reichtumsbericht.de/DE/Bericht/Der-siebte-Bericht/siebter-bericht.html> [16.1.2025].

100 Theiss 2023.

Über die Autorin

© Daniel Biscan

Claudia Kneifel
ist seit 25 Jahren Redakteurin der Tageszeitung Main-Post.
Ihre Arbeitsschwerpunkte sind die Themen Familie, Armut, Rente, Altersvorsorge und demografischer Wandel. Claudia Kneifel lebt mit ihrem Partner und den drei gemeinsamen Töchtern in Würzburg.

Danksagung

Ich danke meinem Partner Andreas Brüderle und meinen Töchtern Gwen, Linnea und Jade (ihr seid super!), Astrid Ule und Eric Hansen, ohne die es dieses Buch nicht geben würde, Guiliana Carminati (für ihre klugen Gedanken), Judit Maertsch (für die fachliche Unterstützung), Katja Braubach, Silke Pottin, Gundula Sennewald, Karina Färber, Isabell Albrecht, Bettina Sagmeister, Margarete Rodamer, Angelika Wehnert, Monika Rohde, Stefanie Kelm, Manuela Löwinger, Ann-Katrin Pause, Anna Pöllath, Christine Lutz, Sandra Antoni, Carsten Vetter, Kai Kellersohn, der Schwerpunktredaktion, Ursula Brüderle, Doris und Jürgen Kneifel, Alexander Behrens und dem Dietz-Verlag, meiner Kollegin Gisela Rauch, die immer wieder gesagt hat, dass sich ein Buch schreiben soll.